AS ESTAÇÕES DO CORPO

Thérèse Bertherat

AS ESTAÇÕES DO CORPO

APRENDA A OLHAR O SEU CORPO PARA MANTER A FORMA

Tradução
Estela dos Santos Abreu

martins Fontes
selo martins

Esta obra foi originalmente publicada em francês sob o título
Les saisons du corps - Garder et regarder la forme

Publisher	*Evandro Mendonça Martins Fontes*
Coordenação editorial	*Vanessa Faleck*
Produção editorial	*Susana Leal*
Preparação	*Julio de Mattos*
Revisão	*Renata Sangeon*
Capa	*Renata Milan*
Projeto gráfico	*Douglas Yoshida*

Dados Internacionais de Catalogação na Publicação (CIP)
(Câmara Brasileira do Livro, SP, Brasil)

Bertherat, Thérèse
As estações do corpo : aprenda a olhar o seu corpo para manter a forma / Thérèse Bertherat ; tradução de Estela dos Santos Abreu. – 7. ed. – São Paulo : Martins Fontes – selo Martins, 2018.

ISBN: 978-85-8063-336-8
Título original: Les saisons du corps : garder et regarder la fome.

1. Corpo e mente 2. Exercícios terapêuticos I. Título II. Abreu, Estela dos Santos

18-0256 CDD-615.824

Índice para catálogo sistemático:
1. Corpo humano : Ginástica médica

Martins Editora Livraria Ltda.
Av. Dr. Arnaldo, 2076
01255-000 São Paulo SP Brasil
Tel.: (11) 3116 0000
info@emartinsfontes.com.br
www.emartinsfontes.com.br

SUMÁRIO

INTRODUÇÃO

Você consegue manter o equilíbrio? Dividido, pressionado como você vive pelo tempo, pelo tempo da sua agenda... E o tempo do seu corpo, os tempos naturais, os tempos fortes do seu corpo? Os tempos que ele observa e aprecia em segredo...

A cabeça faz de conta que não percebe: não quer levar esses tempos em consideração, faz questão de ser bem "do nosso tempo", isto é, em contratempo, e o corpo, é claro, vacila... A cabeça não para de corrigir, controlar, atormentar o corpo acusado de não estar à altura — de acordo com o que ela considera "altura" —, e o equilíbrio torna-se evidentemente difícil.

O corpo, por sua vez, não pode deixar de querer seguir o próprio ritmo natural, as suas inclinações.

Aliás, ele se inclina, literalmente, e você, com seus próprios olhos, pode vê-lo inclinado. Por mais que estique o pescoço e tente arquear as costas... Veja como o seu corpo está penso. Preste atenção na sua parte de trás.

O peso de um passado tão velho quanto o planeta puxa-o para esse lado. Os ciclos biológicos que comandam você, programados para a vida de outrora, para a vida no campo, puxam o seu corpo para trás.

Os músculos das costas puxam você para trás. E, se eles o puxam com tanta força para esse lado, é porque são do passado. Esses músculos foram ajustados há milhões de anos em costas diferentes das nossas, costas de estranhos ancestrais.

O passado, o mero passado da sua vida, puxa você para trás. Pairando leve na sua lembrança ou pesando muito, o efeito é o mesmo. O passado não deixa de modelar com toques discretos, com toques firmes, as formas do seu corpo.

A forma! Estar em forma! Só se fala disso... Mas de qual forma se trata? Você tem uma forma. A forma natural, inseparável da beleza, da saúde, você a tem. Antes de se aferrar nos exercícios para obter a forma, exercícios que quase sempre deformam, antes de procurar copiar uma forma pré-fabricada, forma que não é a sua, saiba reconhecer a forma autêntica, precisa e bela do seu corpo.

Olhe o seu corpo. Depois mantenha a forma

Conserve-a tal qual, se assim lhe parecer melhor. Ou então liberte-a dos nós musculares que a entravam e que você está vendo. Se você vê e revê a forma, nunca mais vai ter medo de perdê-la. Tudo o que o corpo pede é ser visto, conhecido e reconhecido.

Instale-se confortavelmente. Escolha a melhor posição. Com os pés apoiados na mesa? Se é assim que você prefere. Deitado no chão? Deitado na cama? Está bem, se é assim que lhe convém. Algum acessório? Nem precisa. Não há necessidade de mais nada, a não ser dos travesseiros prediletos.

A forma, a forma invejada, a forma indispensável, proponho que você a encontre — em sentido próprio e figurado — a olho.

1
OS TEMPOS VARIÁVEIS

"Marque uma hora!"

Afasto, espantada, o telefone do ouvido.

"Marque uma hora, quero uma consulta, por gentileza!"

Por gentileza? O tom é imperativo... Esta voz de mulher, forte e aos arrancos, me é desconhecida, mas o tom, eu conheço — conheço até demais. Respondo que não posso...

Ela interrompe:

"De manhã bem cedo, ou tarde da noite, tanto faz..."

Fico calada; um pouco mais amena, a voz deixa escapar como última concessão:

"Paciência! Pode ser no sábado, ou até no domingo!"

Eu perco a fala; minha interlocutora, não:

"Marque uma hora, trata-se de um caso urgente."

Um caso urgente é grave; pego a lista telefônica, procuro o endereço de um médico conhecido, começo a explicar que as deformações que eu trato, lentamente instaladas no corpo, só se desfazem lentamente, num trabalho paciente...

Impaciente, ela grita:

"Mas quem está falando de deformações? Não tenho deformação nenhuma. Quero conselhos, quero exercícios para o meu caso."

O caso, ela resume de imediato: "Sofro do fígado e de colite; tenho trinta anos, nem um minuto a perder, vivo batalhando sem parar e me disseram que os seus exercícios são ótimos para a forma...".

Ela dá um tempo, toma fôlego, hesita um instante: "Não vá agora me dizer que não é bem assim...".

Fico calada. Como dizer? Ela desliga antes que eu consiga achar palavras — bem que ela me prevenira que não tinha um minuto a perder! Sozinha, sinto-me forçada a prosseguir o diálogo com a voz que ainda ressoa no meu ouvido.

"Meus exercícios? Não servem para nada, absolutamente nada. Para você, podem ser úteis quanto um par de suspensórios para um coelho. É um conselho que lhe falta? Esqueça a forma, vamos!"

— Está me gozando? É um abuso! Um conselho desses vindo de quem trata das pessoas! Quer dizer que devo deitar-me, esperar a decadência e o fim?

— Esperar pelo menos o fim da frase. Perca a sua forma para conseguir encontrar a forma. Você disse que vive lutando. Vire-se um pouco e veja quanta coisa estranha acontece nas suas costas; você não tem a mínima ideia do que se passa aí. Começa na nuca, desce pela coluna vertebral; na sua luta, você vive se enrijecendo, fica cada vez mais dura..."

Minha interlocutora só ouve a última frase. Retruca:

"Mais dura! É isso. Quero ficar mais rija. Um corpo de aço, um moral de ferro é o que eu quero."

...Mas será que existe corpo de aço? Corpo de aço não existe. Um corpo é feito de ossos, de sangue, de carne sensível e viva. Às vezes, num momento de fraqueza, a gente pode desejar um corpo de aço para se esconder. Corpo blindado, revestido de aço como um tanque de guerra, nada deixando aflorar à superfície, nenhum elemento vivo; um tanque blindado triunfal, vencedor, com uma única abertura bem no alto — a boca, por exemplo, boca cheia de dentes, com um sorriso arrasador.

Se você continuar insistindo, pode até conseguir: uma couraça bem grossa e bem dura. Mas, de qualquer forma, o seu corpo é feito de células vivas. Para transformá-lo em ferro-velho, só lhe resta um jeito: morrer, de algum modo. Aí sim, você chega lá: vai obter um moral de ferro num corpo vazio de sentidos.

Nessa altura da transformação, será improvável que você ainda venha me pedir alguma coisa; já conseguiu tornar-se blindada: nada mais passa, nada mais transpassa para fora; por dentro você não sente nada, nem prazer nem sofrimento. E, no entanto, o sofrimento é um sinal de vida; sinal negativo, o único que você admite, mas sinal de vida, apesar de tudo.

Vamos ser otimistas. Imaginemos que você ainda sofre, que ainda sabe que sofre...

"Está bem, vamos admitir que eu sofro. E como é que você acha que se pode atacar o mal?"

Não ataque, você poderia machucar-se. A vítima é você. O agressor é você. O campo de batalha também é você; a sua voz dá ordem de ataque e o resto vem junto: queixo erguido, fôlego curto, os dedos dos pés tão enrijecidos que quase furam os sapatos.

Você luta, como acabou de dizer, para conseguir um lugar ao sol; você luta para conservar esse lugar; você luta para estar em forma para poder lutar; você ainda luta — mas sem vangloriar-se porque não sabe que luta — para respirar, para dormir, para não dormir, para ficar de pé, para todos os atos naturais da vida, para atos que seriam muito mais bem feitos, se feitos sem luta.

Você me lembra pessoas que nasceram durante a guerra e que só conhecem a guerra... Acha que estou exagerando? Uma coisa nada tem a ver com a outra... Será que os mecanismos de combate são diferentes num corpo do exército e no nosso corpo?

Talvez a Senhora-Voz leia este livro. É também para a senhora, para o seu caso urgente, que o escrevo; é urgente que a senhora dê atenção à forma do seu corpo: é o seu caso urgente. Da forma do corpo decorrem a saúde, a beleza, o bem-estar e, naturalmente, o que se costuma chamar "a forma".

"Todo homem é uma ilha"

Acabo de encontrar a voz, isto é, a voz com quem falei, a voz telefônica. Ela estava sentada num banco do Jardim do Luxemburgo; ou melhor, uma mulher de capa de chuva estava sentada num banco. Eu não escutei a voz dela, mas o corpo era parecido com aquela voz.

Não pude ver-lhe o rosto. De cabeça baixa, com a mão à altura da boca, mão fechada segurando um isqueiro, ela tentava acender um cigarro que não se acendia. Eu via a chama que brilhava e logo se apagava. Acho que umas dez vezes eu vi acender e sumir a chama soprada pelo vento; vi a mulher de capa teimar, mas não assisti ao desfecho da sua luta com o vento outonal.

Se tivesse sido noutros tempos, recém-chegada a Paris, eu teria sentado ao lado dessa mulher; certamente teria dito: "O vento vem daquele lado; veja como se agitam as folhas dos castanheiros e a água do lago. Está vendo? Não está com vontade de olhar? Então, há um jeito mais fácil: vire o rosto, e você vai sentir que está de frente para o vento quando ele assobiar nos seus ouvidos...".

Não me sentei no banco porque agora já sei que, se eu a abordasse, aquela mulher não me teria escutado; para ela, a minha presença não passaria de intrusão na sua solidão.

De fato, ela estava só. Não porque o jardim estivesse deserto, mas sim porque era todo vibração na sua folhagem, e a mulher, ao contrário, parecia cimento. Parecia não saber que estava viva e que tinha um lugar, com certeza, no mundo das coisas vivas.

Não me sento mais nos banco dos jardins para dar minha opinião sem ser solicitada. Tanta gente me pede e não posso ajudar. Querem trazer o corpo para eu tratar, as suas fraquezas e solidões para eu curar... Gente tão só quanto aquela mulher solitária sentada no banco, gente obstinada que refaz sempre os mesmos gestos, os mesmos comportamentos, as mesmas queixas, e destinada sempiternamente à repetição, ao fracasso.

Escuto o relato de suas doenças, tentativas, tratamentos; variam os nomes, as idades, mas nunca a solidão, que, inevitavelmente, acabam contando no fim.

No fim? Deve-se colocar o isolamento no fim ou no começo do relato? Eu acho que no princípio existe o isolamento. Pois não é no interior de nós mesmos que começamos a criá-lo? Quando, por exemplo, não encontramos mais a ligação entre nossa cabeça e corpo, entre a direita e a esquerda, entre pensamentos e emoções; quando um pé não sabe por onde anda o outro, é aí que não conseguimos achar nosso lugar no mundo.

"Todo homem é uma ilha", dizem. Mas toda ilha está mergulhada no mesmo líquido nutriente e ligada às outras ilhas pelo movimento das marés. Não será o isolamento a mais seca e árida das nossas invenções?

Na realidade do nosso corpo, cada célula leva em conta outras células e cada órgão se relaciona com os outros. Se as relações são por vezes difíceis, quase sempre os responsáveis somos nós. Sem querer, é claro, entravamos com empenho nossas funções biológicas mais naturais, tentamos impor ao nosso corpo regras e leis que nada têm a ver com as dele. O corpo recebe as suas leis da Terra, do Sol, da Lua, de uma remota submissão aos ritmos desses astros e, por mais que se queira ranger os dentes, cerrar os punhos, tapar os ouvidos e o nariz, fechar os olhos, pensar que se está isolado no interior do invólucro que é a nossa pele, nunca se conseguem revogar essas leis que fazem com que cada um de nós possua, neste mundo cheio de vida, o lugar integral de ser vivo.

Um corpo sem cabeça

"Para mim o corpo é um estorvo."

Olho para o rapaz e fico me perguntando onde está o proprietário do enorme corpo diante de mim. O corpo é maciço, a voz, fina.

"Sou especialista em P.A.

— Em quê?

— Em pastor-alemão. Sou criador de cães."

Fanhosa. Eis a palavra que eu procurava: uma voz fanhosa, de quem está de nariz tapado.

"O meu corpo é alérgico.

— A pelo de animal?

— Como adivinhou?"

Nem espera pela resposta que, aliás, não tenho; repete, obstinado:

"O corpo para mim é um estorvo..."

E, no entanto, ele, que está acostumado a criar animais, cuida bastante do corpo. Adestra-o, procura mantê-lo em forma, faz com que dê uns passeios, com que corra ao menos uma hora toda manhã, dá-lhe de comer na hora certa. Mas o corpo não liga. Ingrato, vingativo, mau-caráter como um cão malvado, cobre-se de eczema ao mínimo pretexto e, se não fica cheio de espinhas, é o intestino que desanda.

É certo que o corpo de S. corresponde exatamente ao que está na moda agora: alto, corpulento sem ser gordo, esportista, agressivo.

"Quanto à sexualidade, nada a dizer."

Assim mesmo, ele diz, e fico sabendo da queixa de S.: o corpo dele não é de acordo. De acordo com o quê? Segundo que normas? Isso ele não diz. Mas sei que, infelizmente, S. não é o único a se atormentar assim. Muita gente fala do próprio corpo como uma espécie de enorme cão que, um dia, num momento de fraqueza, se aceitou para tomar conta. "É um peso", dizem. O que eles menos perdoam ao corpo é a sexualidade, se a percebem como "não de acordo".

Entretanto, todos os mecanismos dessa sexualidade estão hoje esmiuçados, estudados, classificados, aprovados. Uma multidão de relatórios, trabalhos, livros expôs em público o assunto. Todo mundo sabe que o corpo vibra de prazer dentro de certas frequências e modalidades e que isso é ótimo.

Estaria perfeito se certos proprietários, já agora suficientemente esclarecidos, não percebessem que o seu corpo não está vibrando direito: o corpo vibra mal, não no devido lugar nem no devido momento, às vezes devagar demais, às vezes depressa demais. Às vezes não vibra o suficiente. Às vezes nem vibra.

Alguns proprietários arrastam o corpo de consulta em consulta. Tentam detectar o defeito, a imperfeição escondida.

Outros dizem francamente: o que eles querem é mudar de corpo. Querem outro mais jeitoso, mais forte, mais de acordo. Mas isso não é possível. É possível mudar a ideia que se tem do próprio corpo, parar de humilhar o corpo, transformá-lo profundamente. Mas trocar de corpo não dá, é impossível. Do começo ao fim, só temos um corpo por vida. A experiência mostra que apenas a morte pode libertar do corpo o seu proprietário.

Depois, ninguém pode dizer para onde vai o eu que foi proprietário do corpo agora morto. Aí as opiniões começam a divergir.

Vincent

Estou aguardando Vincent... Está atrasado. Mas ele não precisa correr: sua presença já está na sala silenciosa. Como todos os meus pacientes, Vincent deixa aqui umas moléculas da sua pessoa, mais sutis e persistentes do que o cheiro de suor e de loção rosa-gerânio que fica impregnado nas minhas mãos. Não sei onde essas moléculas se escondem, talvez agarradas na cortina ou no tapete. Agarradas, é certo, na minha memória, onde posso consultá-las a meu bel-prazer, como volumes secretos de uma biblioteca invisível.

Vincent, porém, não tem a "presença" do ator. Aliás, é o oposto. Primeiro, ele não tem olhos, não tem olhar. Só o reflexo esverdeado dos óculos que não tira nunca. Diz que é míope, muito míope. Tem trinta e poucos anos, dor nas costas às vezes, dor na alma outras vezes, nunca as duas ao mesmo tempo.

Sua presença se compõe de bruscos reflexos de vidro, de gestos esboçados; os pés sempre hesitam ao pisar o chão, e a mão, se estendo a minha para dar-lhe bom-dia, desvia-se e se fecha depressa no vazio.

"Passo pela vida sem viver, diz ele. Não chego a ser eu mesmo... Acho que nunca vou ser eu mesmo." Procuro convencê-lo de que sim, ele é ele mesmo e ninguém mais. Todos os elementos da sua pessoa ali estão, mas em lotes separados. Uma mão nada sabe da outra. Ambas saem espetadas pelas mangas do paletó, como num enxerto desajeitado; os pés se enrodilham como raízes ressequidas, bem afastadas do chão. A seiva circula com muita dificuldade, ao longo das costas contraídas. Sempre que se levanta, fica esgotado ao tentar manter de pé as peças e pedaços do corpo para, como se diz, "salvar as aparências". Mas nem as aparências nem o resto se salvam.

Angustiado, cheio de achaques, Vincent tem do que se queixar. Não, não se trata de um doente imaginário, de um hipocondríaco, ele não vive se "auscultando". Justamente, ele não se ausculta, não se escuta. Fala da solidão, do medo; as palavras lhe vêm com facilidade, estão todas na boca; mas do desvio das costas, dos pés, mãos, olhos, ele nunca diz nada. Não sabe nada.

Falta interesse pelo corpo? Toda semana Vincent recorta um artigo numa de suas revistas médicas preferidas e me traz, para me instruir. A lembrancinha da semana passada ainda está aqui na mesa. Ele insistiu muito para que eu lesse o artigo e, de fato, li com atenção.

Li que certo indivíduos não podem entrar em contato com os vírus que nos cercam. Se isso acontece, eles morrem. Os micróbios mais simples podem matá-los. O corpo desses indivíduos não possui as células responsáveis pela imunização. Por isso, desde que nascem, são protegidos por bolhas especiais, estéreis. Para libertá-los dessa proteção impenetrável, é preciso haver um doador. Alguém que deixe extrair da sua medula as substâncias que faltam ao doente. Enquanto aguardam um doador, os recém-nascidos dentro da bolha abrem os olhos, choram e sorriem.

Releio maquinalmente o recorte trazido por Vincent. Admiro a proeza do ponto de vista médico. E admiro mais ainda o vigor das forças vitais desses corpos de criança que conseguem tirar de si mesmos a seiva necessária para crescer numa bolha estéril.

O que deseja Vincent?

"Gostaria de saber a sua opinião", murmurara ele ao abaixar a cabeça e empurrar com o dedo os óculos pesados que lhe escorregavam pelo nariz. "É prodigioso... Incrível."

O prodígio não será uma bolha de plástico e, lá no fundo, o corpo de Vincent, pálido, todo encolhido?... Não, não é isso o que ele quer. Vive dizendo: "Quero sair dessa".

E, para sair dessa, será que lhe está faltando um doador? Alguém que tenha em algum lugar do corpo — na medula, nos ossos — as substâncias vitais que faltam a Vincent e que queira doá-las...

No fundo, nem será preciso transplante, nem mesmo células especiais. Basta o doador; o que falta é um outro corpo que deixe passar a vida pela ponta dos dedos. Proveniente de um corpo, a vida escorreria para o outro corpo, o de Vincent. Cada semana ela escorreria lentamente pelas costas, pelos membros, mãos, pés, cabeça de Vincent. As forças vitais iriam preenchendo pouco a pouco as fendas do corpo e, com sua energia, chegariam a colar todos os pedaços, puxando Vincent para o lado da vida. Ele sairia da bolha sem medo nenhum do mundo que o cerca, iria sentir-se ele mesmo e livre.

Não, algo não vai bem lá por dentro. O prodígio é bem menos prodigioso do que a realidade.

Tenho que dizer a Vincent: nele há uma força prodigiosa. É esse o prodígio. Vincent não precisa de doador. Não tem necessidade de ninguém. Ninguém detém por ele as forças vitais, ninguém pode devolvê-las a Vincent, semanalmente.

Há uma torrente de vida tão poderosa em Vincent que, para mantê-la inerte, ele vive se debatendo. Ele procura estancar, congelar essa torrente. Para transformá-la em água parada, ergue sucessivas barragens ao longo de todo o corpo. Não barragens simbólicas, não. Barragens erguidas na própria carne, nos músculos amarrados, comprimidos.

Não vou dizer nada a Vincent. Ele não vai acreditar. Calada, vou orientar-lhe as costas "escolióticas", como ele diz, vou orientar-lhe os membros na direção da torrente. Braços ao longo do corpo, pernas estendidas, articulações alinhadas, cotovelos, pulsos, joelhos e tornozelos livres das torções que os fazem virar-se sobre si mesmos.

Se ele se assustar, eu espero. Se ele pressentir que as barragens vão ceder, que a água vai subir, invadir, transbordar, eu espero. É preciso ter muita paciência com os corpos, com as pessoas.

"Amanhã o sol vai nascer de novo", dizia minha avó, camponesa dos montes. Ela espalmava as mãos sobre os joelhos, estendia os dedos gretados. Esperava que o granizo acabasse de cair, esperava que o trigo acabasse de brotar, esperava com infinita paciência.

Vincent não voltou no dia marcado. "Estou muito ocupado", sussurrou à secretária eletrônica.

Passar despercebido

Ontem eu aguardava Vincent. Hoje são outros os pacientes... Mireille, René, Mathilde e outros mais. O dia ainda não clareou.

No outono, em Paris, o sol não se decide a despontar. Às sete não desponta mesmo. Às sete e meia, às oito ainda não aparece. Por mais que os sinos do convento aqui do lado badalem no escuro, em todos os timbres, o sol não se mexe nem liga para as batidas breves, apressadas.

Afundo as costas e os ombros nas cobertas. Também eu não quero escutar. Percebo que é o ritmo do sol que o meu corpo quer seguir, e não o das rodas do metrô, que começa a sacudir o chão do imóvel.

Quero me estirar bem, na penumbra que me separa do dia, quero dormir com o corpo todo. Quase consigo, exceto com o olfato. O olfato desperta, sozinho. Começa a perambular pelo quarto, tropeçando um pouco, hesitante como criança que se levanta na casa onde todos ainda dormem. Ele pega e apalpa tudo o que encontra pela frente. Percebe cheiros que os outros sentidos, quando despertos, não lhe permitem tocar. De repente, desencava outros cheiros enterrados na memória. Ele os desaloja, empurra, diverte-se fazendo uma confusão com eles. Já não sei mais a qual outono, a que lugares pertencem os cheiros de terra, de folhas, de chuva que o meu olfato está remexendo. Não sei mais onde se encontra o quarto onde estou deitada. Para saber, é preciso que estejam despertos outros sentidos, como a visão ou a audição...

Faço um esforço para continuar de olhos fechados, tentando reter o sono embaixo das pálpebras cerradas. Mas é pelos ouvidos que acabo sendo tirada do sono. A audição desperta, o olfato some, e os ruídos da noite surgem nítidos na minha memória: a estranha intimidade vivida com os vizinhos, em camas sobrepostas nos três andares sucessivos, separados pelo assoalho marchetado deste prédio fechado pelo pesado portão de maçanetas reluzentes.

No andar de cima, é sempre o mesmo; o rapaz, cuja sombra esguia se afasta educadamente quando cruzamos na escada, passeou até tarde da noite com os sapatos pesadões. Ele dorme pouco, trabalha muito, estuda, medita, sei lá, e talvez procure despender a sua força jovem em longas andanças noturnas. Um gemido do seu colchão me previne cada noite que ele acaba de cair, enfim, na cama. Uma botina cai pesadamente no soalho. Seguem-se uns trinta ou quarenta segundos de *suspense*. Cai a segunda. Do silêncio, da pausa entre a queda dos dois calçados, não posso afirmar nada. Não sei.

Após ligeiros rumores, percebo os roncos discretos do rapaz adormecido. O despertador me deu uma luminosa piscada verde esta madrugada: 1h45. O rapaz costuma deitar com um livro grosso em cima do peito, deve ser uma bíblia ou um dicionário. Como posso saber? Depois de uma ou duas horas, ele se vira na cama e eu acordo sobressaltada com o barulho do livro que cai e que me parece, de tão pesado, capaz de derrubar um boi.

Mas esta madrugada, enquanto o livro caía, no teto, na direção da minha cabeça, através do soalho subiam ruídos. Regulares, ritmados, com inflexões brilhantes, agudas, de soprano médio. Não havia dúvida: eram ruídos de prazer.

Surpresa, tentei reconstituir de pálpebras fechadas a silhueta miúda da minha vizinha do andar de baixo... Como uma voz tão forte pode caber naquele corpo pequeno, sempre vestido de cinza? Depressa juntei as imagens que tenho dela; de tarde, na volta da escola, segurando os dois filhos pela mão, de testa franzida, lábios apertados; de manhã, de pé, encostada na escada e dizendo ao marido: "Não esqueça o pão". Tentei comparar o que eu estava escutando agora com os barulhos que costumam atravessar o chão: gritos e manhas das crianças na hora de tomar banho, o "Mamãe" triunfal, seguido dos elogios da mãe e do ruído duplo ou triplo da descarga do banheiro, barulho animado dos talheres contra os pratos na cozinha. Mais tarde, as vozes se estendem em sons graves e contínuos — é a televisão que fala sem parar.

Talvez esta noite eles tenham projetado no videocassete um desses filmes feitos para ensinar "a arte e o modo de amar" e cuja publicidade proclama: "Se você pode ver tudo, pode ouvir tudo".

Amanhece... Já faz tempo que, tanto em cima como embaixo, as janelas se abriram, as máquinas de moer café moeram, as chaleiras de apito apitaram. O mundo pertence a quem acorda cedo, dizem.

Enterro-me de novo nas cobertas. Não dá para falar de montanhas, rios, cachoeiras enquanto ouço a descarga no banheiro do vizinho. Vamos então falar de isolamento...

As pessoas que se julgam isoladas no fundo do seu apartamento não estão mesmo... Pensam que passam despercebidas.

Como não estão sendo vistas, acham que estão isoladas. Engano: não é nada disso. Estamos muito enganados em dar toda a primazia ao sentido da visão. Ao reconhecer apenas a vista, não chegamos a nos escutar. Temos tão pouca consciência de nosso corpo quanto de nossos ruídos.

O vento do oeste

No outono, quando o vento do oeste começa a soprar, ele me empurra na direção do passado. Tento ficar de pé, fincar os pés no presente, mas quando assopra forte, o vento me impele para trás, para o lugar de onde vim...

A casa de minha avó ficava à beira de um barranco e era a primeira antes de entrar no vilarejo. De fato, havia uma outra antes da dela, mas não chegava a ser uma casa. Estava quase toda coberta de espinheiros e urtigas, cheia de lagartos assustadiços e também, garantia minha avó, de almas do outro mundo.

Víamos de longe quando chegava o inspetor. Ele subia até nós uma vez por ano, no outono. Chegava pelo meio-dia, girando os olhos espantados, bufando pelas narinas como um velho jumento: enxugava o pescoço, dizendo:

"Isto é o fim do mundo! Quem é que inventou de vir morar aqui? Vocês ficam tão isolados!" Ele chegava até ali porque o seu trabalho o obrigava. Vinha inspecionar alguma coisa no vilarejo, não me lembro mais o quê.

Minha avó não respondia. Acho que não sabia o que responder. Ela não se sentia nada isolada.

"Que silêncio!", insistia o inspetor. Ela continuava sem responder, talvez com medo de magoá-lo. Como seriam os ouvidos dele? O vento, em rajadas, redemoinhava entre os rochedos. Podiam-se ouvir os mugidos dos rebanhos do outro lado do vale; ouvir os gritos das aves de rapina que perseguiam as galinhas perto das casas e as lamúrias das galinhas assustadas; ouvir o zumbido de moscas que pressentiam a chegada da neve; ouvir o passo das mulas na vereda, o sussurro das folhas dos álamos. É interminável o rol de coisas que se ouviam no vilarejo, no outono.

Minha avó virava as costas, ouvia-se gemer a porta do porão e ela voltava trazendo um copo cheio do vinho feito por ela mesma com a uva do vinhedo que cultivava mais adiante, no vale. Ela estendia o copo ao inspetor. Ele bebia devagar, piscando os olhos, porque o vinho, meio ácido, não era dos melhores.

Passei meus primeiros anos de vida nesse vilarejo. Antes de me interessar pelo corpo das pessoas, bem antes de pensar em tornar-me terapeuta, eu gostava de observar as casas.

Antigamente, dizia minha avó, por um sim e por um não os homens e as mulheres desta aldeia punham ao ombro, num cesto, pedras destas campinas, cortavam tiras de ardósia, construíam uma casa. Essas casas arrancadas à montanha, a ela logo voltavam, às vezes em menos de uma geração. Construía-se uma casa, como um nômade finca a sua tenda no deserto.

Se faltava uma casa bem no alto para o pastor e as cabras, ela era feita. A casa da aldeia era como a do alto, não feita para durar eternamente, nem para desafiar o tempo, nem para impressionar os visitantes. Que, aliás, não havia. Além do inspetor, nenhum visitante do vale subia. A estrada desaparecia na entrada da aldeia.

Eu ficava imaginando que os moradores desse lugar tiveram que fugir e subiram o mais alto que puderam. Talvez fosse verdade.

"O diabo deixou os cascos por aqui", dizia rindo minha avó; de dedo erguido e, de repente, séria, acrescentava que sempre haviam sido "livres" e que ali o único a mandar era a terra.

A terra mandava tanto que a neve, o vento, a chuva não paravam de escavar o chão. As telhas de pedra e a alvenaria das paredes desmoronavam devagar. Os precipícios abriam a goela arroxeada para as engolir. O mato estava cheio dessas pedras que escondiam cobras. As ruínas nunca magoavam a terra, ela as digeria suavemente. Pedras, telhas, madeira apodrecida retornavam para o lugar de onde tinham vindo: a terra.

Na primavera, para espanto dos eventuais estranhos, carregava-se para cima a terra desmoronada, a terra dos campos que se podia cultivar. Ela era carregada com ternura, numa padiola, como um ferido.

Por causa da terra inconstante, as pessoas da aldeia davam muita atenção às mudanças da Lua, do Sol, das estações do ano. Prestavam atenção nas migrações dos animais.

Muitos moradores migravam, em tempos idos, durante uma estação. Amontoavam nas costas, dentro de um saco, barbante, cadarço, livros, almanaques. Um amigo me contou que era assim que passavam de mão em mão os escritos subversivos da época. Eram como mensageiros. Percorriam cidades e vales durante o inverno. Voltavam, na primavera, de olhos e ouvidos repletos das novidades lá de baixo.

Na casa de minha avó, não havia móveis. Não havia nada que não pudesse carregar com facilidade nas costas. Mas ainda existiam alguns desses livros, enfiados numa fresta ao lado da janela, ou debaixo da cama, ou no feno do celeiro. Eu os descobria e acarinhava a sua pele de papel, granulada, pintadinha de sujo de mosca. As lombadas se desfaziam em fiapos. Certas páginas se abriam sozinhas. Um cheiro inebriante me vinha deles. Não sei se continham preces, nomes de plantas, textos subversivos: nessa época eu não sabia ler. Só sei que cheiravam a fumo, cachaça, esterco de mula. Nunca vou esquecer o cheiro deles...

As estações do corpo

O corpo tem suas estações. Tem estações para o repouso, para o movimento, estações para a lembrança, para o tratamento, para a cura. Também tem luas. Alguns astrólogos afirmam que todos nós temos um "aniversário" que se repete a cada mês. Se nascemos na lua nova, crescente, cheia ou minguante, ao chegar a fase lunar do dia em que nascemos, vamos nos sentir mais de acordo com os ritmos cósmicos.

Nosso corpo tem as suas horas diurnas e as suas horas noturnas. Nossos sentidos têm uma estação predileta. O olfato, por exemplo, desabrocha no outono, e a visão, na primavera. A audição prefere o inverno, e o paladar, o verão. É o que ensina a medicina tradicional chinesa.

Nossos órgãos têm a sua estação. O coração é mais ativo no verão, o fígado, na primavera, os pulmões, no outono e os rins, no inverno. Nossos músculos, ossos, unhas, pele, sangue, glândulas internas conhecem ritmos exatos para ativar, consertar e renovar. De fato, tudo o que há de vivo em nós, em torno de nós, possui um ritmo próprio, já que a "ritmicidade" é a propriedade primordial dos tecidos vivos[1].

Há vezes em que esses ritmos são muito lentos, duram vários anos; há outras em que são rápidos, uma fração de segundo. Quase sempre são ritmos que correspondem ao tempo de rotação da Terra sobre si mesma: vinte e quatro horas; ou então ao tempo de rotação da Terra em torno do Sol: um ano.

O nosso corpo todo é formado de movimentos internos, de pulsações silenciosas, dos quais quase nada sabemos. Nosso sistema nervoso se encarrega de coordenar tudo; freia na hora certa, acelera quando precisa, para que a gente fique no ritmo, isto é, com saúde.

É claro que não precisamos intervir conscientemente para regular os ritmos do corpo; aliás, não seria fácil e, se tentássemos, o tempo de uma vida não seria suficiente para começarmos a entender o seu funcionamento.

O estudo científico de nossos ritmos biológicos é relativamente recente. Os maiores especialistas dizem que muitas questões ainda permanecem sem solução. De onde vêm esses ritmos, terão eles de fato alguma relação com os ritmos do planeta?

---

1. Reinberg, *Des rythmes biologiques à la choronobiologie*, Paris, Gauthier-Villars, 1974.

Será que, ao nascer, já os encontramos dentro da cápsula da nossa pele, prontos para serem usados? Como o ritmo do motor de um carro, eles se poriam a funcionar sem levar em conta o exterior e, só por pura coincidência, a sua frequência coincidiria com a dos ritmos cósmicos.

As primeiras observações dos ritmos biológicos foram publicadas pelo médico alemão Fleiss, contemporâneo e amigo de Freud[2]. Ele notara em seus pacientes ciclos de vinte e três e de vinte e oito dias. Achava que todos os seres vivos do planeta são regidos por períodos assim exatos, isto é, todos os seres que se reproduzem sexualmente.

"São eles que determinam tanto o dia da nossa morte quanto o dia em que nascemos." É durante esses períodos que nosso organismo se constitui aos poucos e se desfaz. Todas as idades e todos os sexos os conhecem. As mães os transmitem aos filhos. Esses períodos "continuam a vibrar na criança, atravessando com o mesmo ritmo as gerações".

Fleiss observava os efeitos concretos desses ritmos num ponto bem preciso do corpo, no interior do nariz, no nível dos "cornetos", as três minúsculas protuberâncias que temos ao longo de cada narina.

Nossos cornetos reagem, ficam sensíveis, incham, podem sangrar, a intervalos regulares. Segundo o aspecto do corneto, Fleiss diagnosticava nos seus pacientes, e tratava, toda espécie de distúrbio, enxaquecas, crises de asma, angústia, dores de estômago e nas costas.

"Talvez seja verdade", responde L., que antigamente fez alguns estudos de ciências (não suficientes, parece). "Mas só acredito no que vejo e nada prova que exista uma relação entre os ciclos biológicos e os ciclos astronômicos." É engraçado: L. tem paixão pela

---

2. Fleiss, *Les relations entre le nez et les organes génitaux féminins*, Paris, Le Seuil, 1977.

linha reta e até a sua roupa é listrada. Conto-lhe que, há pessoas que se fecham entre quatro paredes insonorizadas, sob luz invariável, a temperatura fixa, sem possibilidade de medir o tempo, sem nenhum ponto de referência, cortadas, em resumo, do resto do planeta; seus vínculos com os ritmos terrestres, porém, nunca se rompem. Durante toda a experiência, pode-se verificar que o corpo continua a afirmar que pertence à terra e a seus ritmos; num meio artificialmente constante, a temperatura, o tempo de sono e de vigília continuam a variar de acordo com as horas do dia e da noite.

L. afirma que se trata do formidável efeito da inteligência humana. E no entanto a codorna, o camundongo e o lagarto, em idênticas condições, realizam a mesma proeza que nós.

"Você fala como a gente do campo", diz-me L., "e mesmo lá já não se recorre tanto à chuva ou à terra para explicar o que dá ou não dá certo no corpo humano..." Gente do campo? E por que não? Anos atrás, fiz um curso de acupuntura. Achei no *Nei King* ou no *So Ouenn* – textos com milhares de anos, aos quais se refere a tradição chinesa – semelhanças com coisas ouvidas da gente do campo. As palavras podiam ser um pouco diferentes, mas os princípios eram idênticos.

Os moradores da montanha que conheci na infância certamente não estudaram o célebre *So Ouenn*, nunca ouviram falar disso e, assim mesmo, seguiam de perto seus conselhos. Como pedacinhos de conhecimentos ficaram agarrados na cabeça deles? Não tenho a mínima ideia, mas sei que algumas de suas crenças não destoariam das veneráveis obras da China.

Na origem de todas as civilizações arcaicas, existe, ao que dizem, uma concepção dos seres ajustada à Natureza. Na Europa, na África do Norte, os arqueólogos desenterraram instrumentos parecidos com os da medicina chinesa, o que leva a crer que esse saber era partilhado, há duzentos e cinquenta séculos, por outros povos de diversas regiões. As práticas arcaicas se perderam.

Os conquistadores, gregos ou romanos, chegaram com outras concepções mais "modernas". As populações vencidas submeteram-se, procurando esquecer o seu saber[3].

Minha avó dizia que o fígado trabalha na primavera. "É do fígado", dizia ela, se uma espinha aparecia no nariz da gente junto com os primeiros brotos de salgueiro. O fígado era trabalhado pela primavera. Como? Mistério. O vinho também trabalhava. Cortado da vinha, fechado na adega, no escuro, no fundo do barril, era trabalhado pelas energias da terra que muitas vezes o faziam "dar flor", como uma planta viva. Minha avó apanhava ervas ácidas, a azedinha, cujas folhas pontudas deviam expulsar do corpo os resíduos do inverno. Ela me lavava os olhos com uma decocção de plantas amarelas e peludas; por quê? Porque era a época, e pronto.

Bem que eu gostaria de explicar melhor, mas não posso. Ela falava um dialeto que não conheço mais. Perdi as palavras dela. Ainda conservo em mim o som de sua voz, o cheiro dos seus saiotes e a cor dos seus olhos. Mas não as palavras. Preciso encontrar outras para lhes transmitir o que ela dizia. Talvez fosse "gavieiro" o nome da planta com que ela me lavava os olhos na primavera.

No verão é o sangue que trabalha, dizia ela; e a língua, a boca, o coração. Era fácil perceber, o verão era fogo. À tardinha, o sol se coloria como um incêndio. De dia, ele torrava a pele, torrava a vegetação, a aveia, o trigo. Para acalmar a febre do verão, minha avó preparava uma mistura amarga com raízes de genciana, que deixava a boca em fogo mas logo se espalhava pelas pernas como nascente de água fresca.

Um homem, nascido na aldeia mas que havia ido embora há muitos anos, resolveu voltar ao seu lugar de origem. Numa manhã de julho, chegou pela estrada num carro cheirando a gasolina,

3. A. Duron, Ch. Laville-Merry, J. Borsarello, *Bioénergétique et médecine chinoise*, Paris, Maisonneuve, 1978.

com malas e um chapéu de palha branco. Disse que era o mais belo dia da sua vida. Instalou-se na casa que uma senhora do lugar havia limpado para ele. No dia seguinte, encontraram-no morto na cama... A viagem, a altitude, o calor, a felicidade... "O coração", disse minha avó. No verão, quando o coração está sendo muito trabalhado pelas forças invisíveis da terra, não se lhe deve pedir demais.

No outono, era o cheiro de fumaça, picante, das ervas queimadas. Era a estação do metal que corta e separa: na montanha, o animal velho ou ferido era sacrificado. Eu podia chorar todas as lágrimas do meu corpo, as minhas lágrimas não mudavam nada.

Era preciso escolher, separar, optar. Os pulmões trabalham no outono; também os intestinos, que eliminam tudo o que não se deve guardar durante o inverno. Se a primeira friagem atacava o peito, minha avó preparava uma tisana bem leve de flores secas, malva, papoula, verbasco, violeta. A água na caneca era verde-escura, como um buraco imóvel no meio da corrente.

Minha avó tinha a pele do rosto lanhada, gretada pelos ventos cortantes que sopravam dos cumes. Apenas seus olhos pareciam de matéria intocável; tinham a cor clara, mágica, que se discerne nas fendas das geleiras. No outono, ao anoitecer, ela se debruçava sobre uma tina com água de chuva que ficava ao lado da porta. Lavava demoradamente a pele sem brilho, queimada.

No inverno ela comia o que tinha conservado no sal. Dizia que era a época de os rins trabalharem mais.

Ela tinha muito orgulho da capacidade dos seus ouvidos. Ficava bastante preocupada com quem não escutasse bem, como se a pessoa corresse perigo.

No inverno, em casa, ela erguia a mão, um dedo encostado nos lábios, e me fazia escutar o silêncio. Mas não havia silêncio, ela bem o sabia. Ouvíamos as galinhas sonhando alto no estábulo, os animais que se mexiam no sono. O silêncio estava cheio de milhares de sons fracos que a neve tentava abafar.

O tempo da sua agenda

Chegou a hora, é a volta às aulas. Todo mundo "volta", crianças às escolas, os políticos, comerciantes, você, eu, todo mundo. De fato, devíamos todos sair, tomar ar, descansar. Fazemos tudo ao contrário. Quem foi que disse que o outono é o melhor momento para se começar algo? Por que iniciar as coisas quando a seiva arrepia caminho na terra, quando o *Yin*, a força fria e calma da lua, das águas, nos invade?

Já sei o que vai me responder: a lua, não costumo ver muito, não. Nas cidades, quando à noite a gente ergue o nariz só vê lâmpadas fluorescentes. A lua não passa de um sinalzinho cinza impresso na beira da agenda, um símbolo miúdo que em algumas páginas é redondo, noutras parece uma vírgula, e em muitas nem existe. Então, se não vemos com os olhos a lua, como sabemos que ela nos influencia?. No que se refere às folhas das árvores, o serviço municipal de limpeza é quem as recolhe automaticamente; você não precisa se preocupar se elas caem.

Por que não consulta o corpo? Ele lhe explicará que esta volta não é a dele. As noites se alongam, tudo o que o seu corpo mais quer é também se alongar. Os jornais falam da "febre da volta"; essa febre deixa o corpo frio.

Os corpos doloridos que, como massa preciosa, trabalho com minhas mãos têm necessidade de repouso. Se repousassem, o trabalho nosso, começado junto, continuaria por dentro, secreto.

Estamos acostumados a pensar que o corpo só pode regredir, só pode voltar ao seu jeito, ao mau jeito, assim que o largamos. Não é nada disso: ele está vivo, basta um pouco de levedura para que acione processos químicos que mentalmente nos escapam; ele tem um imenso apetite de bem-estar, de equilíbrio, e insuspeitados poderes naturais para autocurar-se.

Podemos nos fiar no corpo tanto quanto em nós, pois ele é nós mesmos. Interrogue o corpo e verá...

Boa sugestão, dirá você, mas não é fácil. Como interrogá-lo? Você não tem vontade de apelar para a lua, as águas, o sol e todas as forças catalogadas como poéticas; tal interferência na sua intimidade incomoda-o. Se assim é, vamos partir de outro lado. Os biólogos têm realizado longos e rigorosos experimentos no domínio da cronobiologia, isto é, no estudo dos ritmos de nosso organismo. Pacientemente eles mediram, dosaram, classificaram tudo o que há de mensurável e dosável no nosso sangue, urina, atividade elétrica do cérebro, atividade reprodutora das células, temperatura do corpo, produção e excreção de hormônios e de sais minerais.

As medidas são muitas, precisas, frequentes, a todas as horas do dia e da noite, feitas sobre muitos sujeitos. Uma das conclusões desse trabalho é que o nosso corpo varia constantemente. Sua bioquímica, sua atividade elétrica variam de acordo com as horas, com as épocas do ano. Variam num certo ritmo, de forma cíclica; os mesmos fenômenos se repetem nos mesmos períodos do dia, do ano.

Os biólogos sabem que no inverno nos cansamos mais depressa, ficamos mais vulneráveis, sensíveis aos vírus, às doenças. No inverno, nosso organismo tem necessidade de repouso. Não dispomos de todas as nossas possibilidades. Uma parte de nossas energias está ocupada lá dentro, consertando, curando. Não está disponível para vir para fora.

Nosso corpo é regido por outra vida, pela vida de outrora, a vida no campo. Regido pela época em que as cidades não existiam. As cidades são uma invenção recente, de somente alguns séculos. Nossas células não levam em conta o que para elas é mera novidade. Elas funcionam segundo ritmos que foram regulados há mais de um milhar de séculos.

Uma boa parte desse tempo, nossos antepassados viveram no campo. No verão, lidavam ao sol, nas colheitas; terminado o verão, semeavam a terra e, no tempo de inverno, recolhiam-se, descansavam.

Descansar no inverno? Trabalhar no verão. Imagino com que desdém irônico os habitantes da montanha, na minha infância, teriam recebido essa afirmação!

Desde sempre o praticaram, esse repouso hibernal. Talvez seja novidade, algo esnobe para nós; para eles era evidente.

Não tinham escolha. No outono, o sol caía no céu sem ter tempo de mudar de cor, os cimos azulavam subitamente e desapareciam na noite. Logo em seguida, o ar frio envolvia a gente; a maior parte dos campos deste vilarejo era voltada para o norte e era preciso deixar depressa a lavoura onde se arrancavam as últimas batatas, onde se semeavam os últimos grãos de centeio.

Os ouvidos zumbiam com milhares de abelhas invisíveis, a planta dos pés parecia picada por milhares de formigas; de repente, sem motivo, dava um nervoso, uma súbita vontade de chorar.

"Vai nevar...", dizia minha avó.

Quando a neve chegava, caía tão forte que, de manhã, não dava para abrir a porta, não se podia mais sair de casa. Puxava-se a cadeira para perto da janela. A luz atravessava com dificuldade a neve colada às vidraças; os olhos brilhavam como se os rostos fossem iluminados por dentro.

No inverno, os braços habituados a manejar a foice, o alfanje, ficavam perto do corpo. Os gestos tornavam-se mais raros, mais exatos. Eram extremidades, as mãos, os dedos, que se mexiam... As mãos largas, robustas, os dedos rachados tornavam-se habilidosos. Talhavam tamancos, travessas, tigelas para a família, numa madeira branca que cheirava a resina. No fim, com a ponta do canivete gravavam as iniciais dos nomes.

Será que as pessoas descansavam? Não sei, parecia que sonhavam enquanto se mexiam.

A gente acabava abrindo a janela, procurava uma pá e retirava a neve. Quem tentava andar lá fora não via nada, só via na neve a sombra do corpo que se movimentava e que parecia ser o único sinal de vida sobre a terra.

Num dia de Ano-Novo, um vizinho veio nos visitar. Trazia nas mãos abertas um bicho peludo; disse que queria me dar de presente. O homem ria. O bicho, deitado de costas, lânguido, sorria de um jeito esquisito. Eu observava o desenho delicado do nariz, dos lábios entreabertos.

"É uma marmota", disse ele. "Está dormindo..."

Eu não conseguia acreditar. Passava o verão querendo ver uma dessas famosas marmotas. Delas só conhecia o assobio que perfurava os ouvidos e se estilhaçava nos rochedos.

No inverno, as energias frias da terra trabalhavam os grãos, trabalhavam os corpos, por dentro. Somos feitos assim. Mesmo se há muitas gerações você é um citadino, o seu corpo continua a variar como no tempo das colheitas, da semeadura, da neve; a programação dele não foi modificada. Ele pulsa de acordo com a terra, não com o cimento armado.

Podemos reciclar o vidro, o papel; podemos reciclar nossas células vivas. Pelo menos, por enquanto...

Aliás, excetuando alguns pesquisadores, quem procura saber se o corpo está no ritmo, ou mesmo saber se ele tem ritmos? Vivemos com os olhos voltados para a ponta dos sapatos. Quando levantamos a cabeça, nosso olhar esbarra nas luzes artificiais e, por mais que se faça, volteamos em torno delas como mariposas.

Nem sempre... Há pessoas que param, que procuram escutar-se, refletir; se estão sofrendo, procuram com mais atenção ainda. Deixam de correr com a cabeça empurrada para a frente, de se machucar, de se debater como animal ferido, caído no fundo de um buraco.

Não é que se tornem inativas. Nada disso. Mas, por um tempo, a sua atividade é diferente. Começam por consultar o corpo, questioná-lo com jeito quanto às suas necessidades, caráter, desejos; ouvem as respostas... Começam a entrever uma vida secreta, intensa, que nunca haviam percebido; descobrem novas ligações entre os pés e as costas, entre a barriga e o pescoço, por exemplo. Não digo que seja coisa fácil, não é mesmo. Mas, se a pessoa está sofrendo, a motivação é forte.

Às vezes, há os que procuram ajuda de um especialista. Aceitam as exigências da experimentação rigorosa. Por exemplo: de quatro em quatro horas devem medir suas secreções, tirar a temperatura; ficam sabendo que certos remédios são ineficazes em certos momentos mas que, em outros, são eficazes, e que tudo depende do minuto exato em que o remédio é absorvido ou injetado. Ficam sabendo que o coração não tem o mesmo número de pulsações no decorrer do dia, que a respiração não tem a mesma amplitude. Aprendem a reconhecer os seus momentos favoráveis e os seus momentos críticos.

Simon

Para Simon, o fato aconteceu espontaneamente, certa manhã, perto de Belle-Ile. Não me cabe proclamar as vantagens do ar de Belle-Ile; elas devem existir de fato, mas o que de insubstituível Simon encontrou na praia não estava no ar. Estava nele.

Simon experimentava todos os especialistas que passavam ao seu alcance, todos os tratamentos, todos os remédios, todas as terapias. No início, ele tinha colite, depois passou a ter eczema e agora era asmático. Vivia acumulando diagnósticos e sentia dor.

Contou-me como, à beira do oceano, mais uma vez, para um novo tratamento, tinha passado uma noite horrível, abafado, coração aos disparos, suando, não aguentando ficar sentado nem deitado. Levantara-se de madrugada, esgotado, para procurar do lado de fora um pouco de ar fresco.

"A maré estava baixa. Meus pés se enterravam na areia molhada, o dia se erguia. Avistei ao longe uma barca imóvel, um barquinho de pesca. Eu percebia a figura do seu ocupante, um menino de dez anos. A barca estava enterrada na areia, meio tombada de lado. O menino remava, batia, gritava e se enterrava cada vez mais.

De longe, eu via a água brilhar em volta do barco; compreendi que a maré estava subindo, que o mar ia soltar o barco e o remador, carregá-los sem esforço. Mas o remador não compreendia nada..."

Simon acrescentou sorrindo:

"O episódio foi muito salutar...

— Para ele?

— Para mim. Gritei ao menino que esperasse. Minha voz é um pouco baixa, sabe, ele não ouviu. Aliás, não podia ouvir, afobado como estava. Então, sentei-me e olhei em silêncio. Vi como aquele menino se parecia comigo, assustado, agitado como eu. Impotente como eu..."

Simon voltou no mesmo dia para Paris e procurou esquadrinhar qual era o seu sufoco. Não eram encalhes na areia, eram o quê? Eram brônquios patalogicamente encolhidos. E depois? Era a ameaça interna de órgãos acostumados a se contraírem, a se bloquearem sem aviso prévio, órgãos que ele nem sabia situar, que lhe pareciam dotados de existência à parte. Eram órgãos estrangulados por um invólucro muscular. E, se Simon apertava com tanta força os músculos, era justamente para tentar impedir os sobressaltos atrozes do coração, dos pulmões.

"Comecei a me sentir melhor quando compreendi que o meu cérebro, meus pulmões e meus músculos andavam juntos."

Compreendeu que os órgãos, que andavam juntos, para ir bem, tinham necessidade de seguir o ritmo natural. Compreendeu que as crises de asma que o inutilizavam aconteciam sempre nas mesmas horas da noite, quanto o calibre dos seus brônquios tornava-se estreito, muito estreito. Passada a hora da crise, o aperto se desfazia.

"Ele sempre se desfaz. O alívio vem sempre na hora prevista, fiel."

Simon também ficou sabendo que os brônquios de todos nós encolhem nas mesmas horas da noite. Os vagalhões tão dolorosos que ele procurava barrar nos seus pulmões correspondiam ao movimento das ondas que todos nós conhecemos[4]. Se agora ele já podia prever o momento difícil a passar, podia também e sobretudo prever o fim desse momento. A angústia que por muito tempo havia bloqueado a passagem a qualquer outra sensação desaparecia. Na depressão da onda, em vez de se enterrar ainda mais, ele sabia como tomar impulso para a subida seguinte, e os túneis das ondas tornavam-se agora menos fundos. Simon acrescentou sorrindo com malícia:

"Em matéria de tratamento marinho, este foi espetacular."

4. Os biólogos observaram que os pulmões têm o mínimo de atividade às três horas da madrugada: é a hora em que frequentemente acontecem certas crises de asma. Os problemas cardíacos são mais frequentes ao meio-dia, a hora energética máxima para o coração. O intestino grosso recebe a mais forte parcela de energia entre cinco e sete horas da manhã, o que explica a normalidade da evacuação matinal. Os fisiólogos acadêmicos demonstraram, servindo-se de meios que a tradição chinesa não podia conhecer, realidades que ela proclama há milênios.

2
OS TEMPOS FORTES

Por que certos tratamentos não se fazem em contato com realidades concretas? Quem vive junto à Natureza reconhece com mais facilidade que o corpo faz parte dela. Costumo ver mulheres que trabalham em fazendas, no campo; o corpo delas é muito rígido, quase sempre deformado, com dores. Mas, quando elas tentam fazer junto comigo alguns dos "exercícios" que chamo de preliminares, percebo que elas sabem imediatamente onde e como estão enrijecidas. Não têm preconceitos quanto à "forma": observam, olham, têm um forte senso lógico, sabem que se a gente cospe de frente para o vento a cuspida volta e bate no nariz e que se, num animal nervoso, você faz um carinho às avessas leva uma chifrada.

"Grande progresso", diria você, "ficar sabendo onde a gente está enrijecida." É o essencial, o primeiro passo, o mais importante. Você vai começar a compreender as reações dos seus músculos; se o corpo se "vinga" e lhe causa dor, você percebe que o está tratando às avessas. O seu cérebro enviou aos músculos uma mensagem que não leva em conta a realidade deles.

Você começa a olhar o próprio corpo de outro jeito. Por mais fortes que sejam os seus músculos, você não pode exigir deles qualquer coisa; os seus mecanismos, muito exatos, não gostam de ser contrariados. Aliás, quanto mais forte for a sua musculatura, mais rígida ela será, e quanto mais rígida, mais dores lhe causará.

Como saber onde a gente é rígida? Nada mais fácil. Você não precisa recorrer a um especialista para descobrir. Passeie o olhar pela superfície de sua pele. É na superfície que se encontra a verdade; não tenha medo de dar uma olhada superficial.

Basta abrir os olhos, olhos novos. Esqueça por um instante que você está olhando a sua pele. Pense numa volta pelo campo, numa paisagem ondulada, e imagine numa virada do caminho um quadro ainda não visto. Comece a olhar a linha dos seus quadris, ombros, pernas. Claro que você precisa de um espelho...

Fique de pé, encoste um pé no outro, bem juntos, do calcanhar à ponta dos dedões. Não se mexa. É um passeio imóvel, um passeio do olhar.

Numa paisagem ondulada, concavidades e saliências se sucedem, como você sabe; cada côncavo é seguido de um cume. Olhe o seu corpo de perfil; comece por trás; olhe o contorno formado pela linha que serpenteia do crânio ao calcanhar, sem procurar fazer nenhum esforço diferente da sua posição habitual. Olhe o vale da nuca e a colina das costas logo em seguida, e ainda a depressão dos "rins", as colinas das nádegas, e o vale da parte posterior dos joelhos.

Agora, procure animar a paisagem. Sempre com os pés bem encostados, recue os joelhos, empurre-os para trás, e veja como reagem os rins: eles se afundam ainda mais. Se os joelhos estão para trás, então, ao contrário, flexione-os e veja como a concavidade na altura dos rins desaparece.

As concavidades, como você vê, deslocam-se ao longo do corpo, da nuca às pernas. Dão a impressão de sumirem, mas de fato viajam a grande velocidade, de uma ponta à outra da nossa musculatura.

Nossos pontos rígidos, onde estão? No côncavo de nossas curvaturas, que são forradas de músculos apertados, emaranhados. Onde é que sentimos dores? Nos lugares côncavos, sempre. Às vezes, concavidades e saliências se acentuam, a paisagem se estreita de uma ponta à outra, e o nosso corpo encolhe, achata-se sobre si mesmo.

Muita gente, terapeutas e esportistas de vários tipos, sabe que quando as concavidades se acentuam, isso não é bom. A concavidade, a parte oca das curvaturas, é chamada "lordose" e, quando fica exagerada demais, chama-se "hiperlordose". Assim batizado, o côncavo dos rins é impiedosamente achatado pelos vários exercícios do repertório ginástico. Infelizmente, é preciso saber que as concavidades são, por natureza, brincalhonas; com efeito, elas se achatam sob a barra dos espaldares suecos, sob a mão do terapeuta, achatam-se por instantes, pelo tempo de que precisam para se esconder mais adiante; atrás da nuca, atrás dos joelhos, entre os ombros, cujas concavidades se tornam então mais fundas. Alongada de um lado, a musculatura imediatamente se contrai do outro. Assim que o exercício termina, as contrações musculares podem escolher: ou ficam no seu novo território, e teremos assim os rins numa linha quase plana mas nunca bem mais afundada do que era, ou então retomam tranquilamente o seu lugar de costume nos rins.

Aprende-se na escola muita coisa para tratar das pessoas; aprende-se, por exemplo, a anatomia, a fisiologia dos músculos e a patologia. Nunca se aprende a mobilidade do olhar. É pena.

Em um corpo vivo, a parte de cima e a parte de baixo, a frente e as costas, a direita e a esquerda sempre se mexem juntas e por vezes tão depressa que é preciso um olho vivo, muito ágil, para segui-las com o olhar. Quando as deformações que temos a tratar são muito graves, em geral chamam-nas de "fixas". É evidente que não são. A prova é que, infelizmente, elas continuam a se agravar. Os nossos olhos é que estão fixos, pregados na porção oficialmente doente do corpo. Essa fixidez é que entrava nossas ideias e impede nossas mãos de curar.

Sei que pode parecer estranho falar do espírito nômade de nossa rigidez muscular. Porém vou ainda insistir. Primeiro, para não fazer confusão, vou dizer que é atrás do nosso corpo, e apenas atrás, que a rigidez se movimenta. Depois, que essa faculdade de mover-se que tem a nossa rigidez, se bem observada, encerra uma das chaves da "forma".

Como a rigidez dos músculos faz para viajar por trás, pelas nossas costas, sem que a gente saiba? É porque temos dentro de nós um artista extraordinário: o sistema nervoso.

Flexibilidade ele tem. Não para de fazer acrobacias, não para de procurar um jeito para adaptar nossos músculos, órgãos, o corpo inteiro, a toda espécie de pedidos e de situações impróprias.

Nosso sistema nervoso faz de tudo para nos esconder a verdade; não por maldade, não. Ao contrário, é para nos proteger, para evitar preocupações quotidianas ao nosso psiquismo. O psiquismo é uma espécie de diretor-geral de empresa que fica isolado no seu escritório, dando ordens, e o sistema nervoso faz de tudo para executá-las. Consegue tornar possível o impossível. Organiza-se para tornar possíveis movimentos contrários à beleza de nossas formas, contrários à saúde. Não se preocupa em saber como os nossos músculos conseguem, não olha para a elegância dos gestos nem pensa nas consequências futuras para a nossa saúde. Tudo o que o sistema nervoso quer é que as ordens vindas do alto sejam executadas o mais breve possível.

O sistema nervoso faz as coisas uma por uma. Tem vista curta, por assim dizer. Pode-se até dizer que é um sistema cego.

Como ele se organiza com tremenda discrição, nem se percebe que o corpo está respondendo a exigências que contrariam as suas, que não lhes respeitam o bem-estar e que até põem em perigo a saúde.

Vai ainda mais longe. No domínio muscular, por exemplo, quando as coisas não vão bem, o sistema nervoso se organiza de modo que, conscientemente, não saibamos que elas vão mal. Os músculos, obrigados a forçarem a sua posição natural, alongam-se com dificuldade, não aguentam nenhum movimento, tornam-se cada vez mais rígidos e contraídos, chegam a ponto de machucar...

O sistema nervoso dá um jeito então para que não tenhamos noção dessa dor iminente. Nitidamente impede os movimentos dos músculos forçados e sensíveis. Consegue inibi-los. Outros músculos próximos, periféricos, executam em lugar dos músculos doloridos as ordens provenientes do cérebro. Mas os músculos vizinhos não desempenham o seu verdadeiro papel; são obrigados a se amoldar, a mudar de função e, por conseguinte, acabam também por se machucar.

Por exemplo, se os músculos da região lombar, constantemente solicitados, tornam-se curtos e rígidos, o sistema nervoso os inibe. Os músculos dos quadris e das pernas vão substituir os dos rins nos movimentos da bacia. A bacia, puxada pelas pernas, empurrada pelos quadris, ajudada pelas costas, consegue assim movimentar-se desajeitadamente. É extenuante, você gasta nisso dez vezes mais energia do que os músculos lombares precisam quando não estão bloqueados. Mas, seja como for, você consegue fazer um movimento que lhe parece vir da bacia.

Essas árduas manobras tornam-se, por fim, mais e mais difíceis de serem assumidas. A respiração fica bloqueada porque precisa fixar a rigidez dos músculos das costas, vizinhos e solidários ao diafragma. A rigidez se propaga, as zonas bloqueadas e mortas aumentam. Tudo acontece como num romance policial onde os cadáveres vão se acumulando... Trata-se, cada vez, de suprimir uma nova testemunha do "crime" inicial. Trata-se de silenciar, um a um, todos os músculos que, por meio de suas dores, poderiam testemunhar que as coisas não vão tão bem quanto o sistema nervoso quer fazer crer.

Chega o momento em que o drama estoura. Não dá mais para evitar as dores, elas surgem insuportáveis. Pensamos que acabam de chegar; no entanto, elas aqui estavam há meses ou anos. Só que agora são oficiais, o nosso psiquismo está informado.

Aí, muita gente diz: "Tenho que fortalecer minhas costas, tenho que correr, tenho que pedalar".

Se correr e pedalar foi o que nunca deixaram de fazer, dizem, sem fôlego: "Não corri o suficiente, não fortaleci o quanto devia...". Ou seja, eles pensam que devem reforçar a rigidez dos músculos, a rigidez que é, justamente, a causa dos bloqueios que fazem doer.

Não é de espantar que nos sintamos fracos, vulneráveis. Mas estamos enganados quanto à causa, quanto ao ponto exato da nossa fraqueza. Ela não se situa onde nós pensamos; não se encontra na musculatura, e menos ainda nas nossas costas.

Como não se sentir fraco num corpo do qual não se conhece nada? Imagine a situação de um psiquismo isolado em algum lugar, lá dentro. Imaginem o desconforto, a desconfiança, o sentimento de insegurança. Aparentemente ele tem plenos poderes, manda: na realidade, vive constantemente surpreso, desconcertado diante desse corpo desconhecido. Não é de estranhar que ele só pense em obras de fortalecimento...

"Um dia, numa rua de Nova York, um homem corria..."

História verídica, que me contou uma amiga que é de lá. Ela tinha sete ou oito anos; estava aguardando a mãe num carro estacionado numa rua da cidade. Da esquina apontou um homem, com o peito para frente, olhos esbugalhados, boca aberta, correndo com todas as forças, como se a vida dependesse disso.

O homem chegou à altura da menina, continuou...

"Foi só então que eu vi. Fincado nas suas costas, havia um punhal."

Lembro-me muito desse homem ferido quando vejo as pessoas correndo, com esforço. Tudo o que elas querem evitar fica cravado nas costas. Nunca hão de conseguir correr o suficiente para fugir das retrações das costas.

Não é correndo que conseguimos espantar nossos pontos rígidos. Seria como querer dar uma corrida para escaparmos de nós mesmos.

Por dentro do corpo

Insisto com meus pacientes para que estudem a forma geral dos músculos, a estrutura do esqueleto. Somos feitos de tal forma que sentimos melhor o corpo se pudermos visualizar e nomear as suas partes.

Estude um pouco de anatomia, se tiver vontade. Não se perca nos inúmeros buraquinhos e proeminências espalhados pelo esqueleto; deixe esses conhecimentos, de preferência, para os cirurgiões.

Os primeiros anatomistas agiam como missionários exploradores. Assim que descobriam, batizavam. Davam o próprio nome a tudo o que descobriam no território corporal.

O tubérculo de Gerdy, por exemplo, está num osso do joelho; o de Lisfranc, numa das primeiras costelas. O canal de Hunter é cavado nos músculos da coxa, e o buraco de Monro, no cérebro. O estreito de Haller entra no coração e, se você é mulher, o istmo de Barkov, no útero. Vários espinhos, cada qual com seu nome, estão espetados nas costas. Nenhuma rosa, segundo os anatomistas.

Vamos deixar isso.

"Nossa musculatura comporta 680 músculos", proclamam certos fabricantes da forma.

"Temos 710 músculos", contestam outros, como se estivessem acabando de extraí-los da forma, antes de conseguir o registro da patente.

Esses 680 ou 710 músculos, como se organizam lá entre eles? Isso é que era interessante saber. Falei da surpreendente rigidez viageira dos músculos das costas; e os outros, os músculos da barriga, por exemplo, quais as suas características? É o que vamos ver.

Deixemos de lado a contabilidade. O que você faz neste momento? Está lendo este livro feito de palavras e de frases escritas para você. Como faz para ler? Você conta as letras que há na linha, as linhas que há na página, as páginas que há no livro? Não, não é mesmo?

Nosso corpo tem linguagem própria, você já sabe. Nossas juntas se articulam, nossos músculos se reúnem em palavras, em frases que sempre formam um sentido coerente.

Nossos músculos têm suas regras de gramática; têm conjugações, auxiliares, tempos do presente, tempos do passado, imperfeitos, imperativos.

Não se pode perturbar a sintaxe do corpo... Se o fazemos, o preço é muito alto. Custa-nos uma série de contrassensos, de absurdos, uma forma caótica.

Muita gente vive estropiando as palavras de sua linguagem corporal; pondo as frases de cabeça para baixo, escorchando com a firmeza do desprezo uma língua para a qual pouco estão ligando. Sabem ao menos que existe uma língua? Para essas pessoas, os contornos do corpo têm tanto significado quanto caracteres antigos gravados num pedaço de pedra.

"Por hoje é só, minha querida filha."

Minha avó terminava assim todas as cartas que escrevia à filha, que era a minha mãe. Ela lia para mim com voz lenta as últimas palavras; levantava-se, procurava na lareira uma pitada de cinzas que jogava sobre a tinta fresca.

"Minhas patas de mosca", dizia ela. Eu olhava as patas, asas, antenas dessas estranhas moscas; não se moviam sob as cinzas, ficavam entre as linhas do papel, de asas abertas, imóveis. Minha avó, como se temesse que elas voassem, pegava a beira da folha de papel com as duas mãos; segurava-a nas palmas abertas, desajeitadamente, e dobrava a folha com um tapa que estremecia a mesa.

Do fundo do corpo

Antes de exercer a minha atual profissão, eu a considerava fácil. Conhecera uma senhora bem idosa que fazia esse ofício. Sentada num banquinho, ela apenas falava com as pessoas que vinham procurá-la para fazer um trabalho ao qual ela não havia dado nome, mas que se parecia com a antiginástica que faço.

Eu estava completamente enganada, descobri logo. O trabalho é não só difícil mas também extenuante, exaure o corpo; à medida que o corpo se esvazia, a cabeça, o coração vão ficando pesados com tantas palavras ouvidas, com tantos sinais de angústia percebidos.

Digo isso aos candidatos a terapeuta, que são muitos, e que se interessam por esta profissão. Em primeiro lugar, as sessões são bem mais longas do que parecem. Começam muito antes da hora marcada e se prolongam além do final. Antes de chegarem e bem depois de terem ido embora, os participantes do grupo ocupam o local, a atenção, a memória do terapeuta.

Basta eu apertar os olhos, a sessão começa... Aquelas pessoas que devem chegar e que ainda nem abriram a porta passam a desfilar de pé, em relevo; os lábios mexem-se e ainda escuto as palavras que deixaram nos meus ouvidos.

Muitas dessas palavras ficam na minha cabeça. Não exatamente na cabeça; não sei direito onde elas vão se enterrar; no estômago, no peito. Por vezes estão carregadas... Como o hálito de quem há muito não respira, ou respira pouco, e que de repente enche os pulmões. Por vezes, junto com as palavras, escapa-lhes da boca um sopro carregado como uma bomba. Bom sinal; sinal de que começam a se comunicar com o lado de fora, isto é, tornar comum o ar que nos cerca. Dentro e fora, fora e dentro, o vaivém da respiração os liberta e, ao mesmo tempo, liga-os à vida. À medida que respiram, o ar da sala se enche de tudo o que guardavam por trás dos dentes cerrados, na caixa das costelas, que por isso merece o nome de "caixa torácica". Uma última vez respiramos juntos, eles e eu, respiramos a raiva abafada, a agressividade, o rancor fermentando, o medo. Tudo parece subir das profundezas de um abismo. É inacreditável o que pode estar acumulado e guardado no peito humano.

Conheci uma terapeuta americana que costumava acender uma vela na sala de trabalho para neutralizar, segundo ela, os fluidos perigosos. Conheci um japonês que, para afastar tais fluidos, sacudia muitas vezes os dedos finos. Eu não faço nada: não sei o que fazer.

Quanto às palavras, às vezes escapam de repente, é imprevisível. Parece que escorrem dos músculos retesados, que brotam do corpo tenso, como a água de um pano de chão torcido. Elas surpreendem quem as tinha na boca e as deixou escapar. Na boca de adultos, são as palavras de criança carente, infeliz; palavras que saem pela boca mas que parecem vir do ventre, da garganta, do sexo. Quem pode dizer em que lugar do corpo se formam as palavras?

É fácil dizer que elas se formam no cérebro. Nem todas... Há palavras que se formam em bolsões secretos do corpo; quando espirram para fora é sensível que provêm do fundo do corpo.

Assim que chegam ao ar livre, não conseguem, como a respiração, misturar-se, desmanchar-se. Elas não podem ficar volteando pela sala nem podem ser ignoradas. Tais palavras são às vezes tão corrosivas como um jato ácido. Têm, porém, necessidade de um ouvido que as receba.

Os ouvidos do terapeuta são os mais indicados. Eu tento conservá-las um pouco nos ouvidos. Sei que não podem me magoar de verdade; não são dirigidas a mim; dirigem-se a outrem, talvez a alguém do passado que nunca mais as poderá escutar.

3
AS RAÍZES

"Por que lá?... Por que não aqui?"

André ergue a mão, o dedo apontado para o teto de vidro. "Aqui" é a luz em cheio, que cai do alto do céu, bate no chão, reflete-se nas paredes, corre pelos rostos, não fica quieta.

"Lá" é diferente. Lá, a luz é imóvel e suave. As sombras desvanecidas. Lá é um lugar fechado, subterrâneo, onde trabalho. A luz não vem do alto, mas sim do chão. Na verdade, ela parece vir de um espelho fragmentado onde surge o reflexo de um olho, de uma mão, de um pé desconhecido e que, no entanto, são os seus.

André pousa com precaução o pé direito na escada estreita que conduz até "lá"; segura o corrimão e para, com o pé esquerdo no ar:

"Parece um submarino."

Submarino? Talvez. Um submarino com entranhas, com tubos largos gotejando água ao longo das paredes, e que não procuro disfarçar nem estancar.

Deitado de costas, a coluna vertebral bem encostada no chão, você viaja no interior deste submarino. Viaja dentro do próprio corpo. Navega com precisão, da raiz dos cabelos à planta dos pés. Os caminhos são muitos, surgem muitos obstáculos...

Aparecem músculos contraídos, articulações bloqueadas. A gente fica com medo, recua, volta depressa para os caminhos conhecidos, para as zonas frequentadas, e depois retorna, contornando as ilhotas perigosas. Aos poucos, percebe-se que a dor começa a desaparecer, os músculos se soltam, a via lentamente fica livre...

"Não é submarino", diz Mireille, já acomodada na sala. "É uma máquina de explorar o tempo... O tempo presente."

André decidiu-se enfim a descer. Ele se inclina, inspeciona o chão como se um buraco estivesse prestes a abrir-se sob os seus pés. É um pouco calvo. De pé no carpete branco, mais parece uma garça perdida na neve de um súbito inverno. Será que se desgarrou na debandada de seus irmãos migradores?

"Você não quer se sentar?"

Quer, sim. Ele dobra num golpe seco as pernas magras. A voz arranha um pouco:

"Estou cansado. No verão todo passei bem e agora estou cansado."

Explica como, de manhã, sente dor no pescoço, nos ombros, nos braços.

"Lá pelas seis horas, começa. Quero me levantar, não há jeito. Tudo fica bloqueado, aqui..."

"Aqui" é o centro do conflito, a fronteira entre a parte de cima e a parte de baixo do corpo, o diafragma. Pergunto-lhe:

"E os pés?

— Que pés?

— Os seus."

André ergue uma sobrancelha:

"Não sinto dor nos pés.

— A sua planta do pé, os dedos, calcanhares, como você os sente?"

Ele estica o pescoço, interroga com o olhar os seus dedos... Não vem resposta nenhuma. Ele tenta dar de ombros, lembra-se que isso provoca dor, desiste e repete segurando o estômago:

"É aqui que sinto dor."

Sentada perto dele, uma moça resmunga alto, coloca a mão

sobre a barriga, e todos olham para ela. É muito bonita, nunca esteve tão bonita. Fica sem jeito e diz:

"Não. Eu não disse nada."

Ela está com os cabelos soltos como uma Maria Madalena. Olha para todos e toma coragem:

"Quer dizer, eu também. Sofri tanto com a barriga... Agora acabou, mas só de ouvi falar..."

Ela sorri, e descubro nos cantos da sua boca duas rugazinhas que não existiam antes do verão.

André, que não estava falando exatamente da barriga, ergue a sobrancelha e não entende.

Há cinco anos, quando a vi aqui pela primeira vez, Linda não sorria. O rosto fechado, ela só se queixava da barriga sempre inchada, que doía.

"Estou grávida", disse um dia, "grávida de mim mesma."

Essa longa gestação foi seguida de um parto difícil. Não é exagero dizer que Linda veio ao mundo na idade de 39 anos. Alguns nascem de cabeça, outros, de traseiro; ela veio ao mundo pelos pés.

Com os pés, conseguiu aterrissar, ter confiança, tomar consciência.

Jean não diz nada. Se falasse, diria apenas que suas dores "ciáticas" pararam e que está melhor. Talvez um dia ele fale. Os músculos que lhe beliscam os nervos embaixo das costas talvez se descontraiam o necessário para que a língua se solte. Por enquanto, ele conserva os lábios apertados, um vinco profundo entre os olhos estreitos, e fica calado.

Mireille é jornalista, não gosta de ficar em silêncio e faz perguntas a André sentado ao seu lado:

"Você disse que as suas dores de ombro começam às seis horas da manhã; engraçado, por que às seis?

— E eu sei?... O despertador toca às seis."

André enterra o pescoço entre os ombros. De olhos quase fechados, parece ausente.

Mireille nunca desiste de fazer perguntas; volta-se para ele:

"Por que o despertador toca às seis horas?

— Para me acordar."

A voz de André sobe em um tom; com o indicador dobrado bate no relógio:

"Por acaso eu trabalho, sabe? Tenho horário."

Continua a bicar com a unha o vidro do seu relógio; parece uma garça friorenta sentada. Indago a mim mesma que super-relógio conseguiu fasciná-lo tanto a ponto de não deixar que escute o seu relógio interno. Com a sua parte instintiva desorientada, lá está ele agora entalado nas linhas da sua agenda. As linhas são retas em todas as estações. Os tempos naturais do corpo dele não são. Estamos em meados de outubro, os dias são cada vez mais curtos, o sol nunca nasce na mesma hora, nem exatamente no mesmo lugar...

"Descansar? Mas eu acabo de ter um mês de férias de verão. Acabou o descanso", responde André balançando a cabeça.

Sem raízes, as pessoas morrem?

"Olhe! Podem-se cortar as folhas, os troncos, mas nunca as raízes. Se você ferir a raiz, a planta morre."

Com o alfanje na mão, minha avó murmurava enquanto abria uma picada. Os pés afundavam na terra molhada do quintal, que era atravessado por uma fonte. Ela podava com força, com a equidade de um justiceiro, podava a madressilva, o espinheiro, a videira agreste, a menta emaranhada. Eu ia atrás, pondo os pés na marca maior deixada pelo seu passo.

"É como as pessoas", continuava ela, "sem as raízes..."

Sem raízes, as pessoas morrem? Não, as pessoas não morrem se perderem as raízes; conseguem adaptar-se, a sua capacidade de adaptação parece ilimitada. Mas as pessoas sofrem, se machucarem as suas raízes. Há muitos modos de machucar as próprias raízes.

Tomemos o mais evidente, o mais terra a terra de todos: o exemplo dos nossos pés. Eles se ramificam como raízes. Seus ossos, nervos e vasos aumentam de número nas extremidades. Quem se encarrega disso? Com certeza não os fabricantes de sapatos. Se você tiver uma planta no terraço, vai tentar colocar as raízes dela num dedal? E nós enfiamos os pés em receptáculos pontudos que nada têm a ver com nossa forma anatômica.

Impedimos nossos pés de entrarem em contato com o chão. Afastamo-nos do nosso apoio mais natural. Como deixar de nos sentirmos mal, instáveis, angustiados, se vivemos suspensos no ar, acima do solo, sem nele encostar de fato a planta dos pés?

Aliás, nosso comportamento é muito contraditório. Por um lado, tiramos o apoio fundamental dos nossos pés; por outro, queremos à viva força sustentá-los, firmá-los, reforçá-los.

Por que privar nossas extremidades do contato com a terra, ou seja, do seu melhor sustentáculo, e gastar forças depois no fabrico de apoios artificiais?

Estamos convencidos de que a Natureza é malfeita, de que devemos corrigi-la senão fica errado. Mas nem ao menos nos damos ao trabalho de saber como a Natureza é feita. Nosso pé é um milagre de elegância, nunca precisa de suportes artificiais. Se o acusamos, por exemplo, de ser chato, é porque só estamos olhando para a infeliz arcada plantar, sem olhar mais para cima, sem olhar para trás e ver como os músculos contraídos da perna e das costas puxam e entortam as articulações do pé, obrigando-o a deitar para dentro. Se você dá aos músculos da perna uma possibilidade de se alongarem, o pé se liberta e a arcada se ergue.

Com a perna acusada de ser mais curta do que a outra, acontece a mesma coisa. São músculos contraídos dessa perna e os das costas que não a deixam pousar no chão, normalmente, ao lado da outra. Se os músculos se descontraírem, a perna readquire o comprimento natural. É muito raro que o seu pé seja verdadeiramente chato, que a sua perna seja de fato mais curta. Por outro lado, pés deformados, músculos rígidos são tão comuns que todo mundo acha isso "normal".

Assim que a criança começa a se firmar no chão, as pessoas procuram reforçar-lhe os pés. Bloqueiam as arcadas, imobilizam os tornozelos do bebê em calçados feitos para "sustentá-los". Por quê? Por causa dos pés chatos? Mas toda criança nasce com pés chatos. A arcada plantar forma-se naturalmente assim que a criança começa a andar; ela se forma se lhe dão oportunidade para se formar. Vamos dar essa oportunidade à criança. Ela deixa os braços maternos, a terra lhe oferece o apoio mais natural; com esse apoio, é a independência que lhe é oferecida. Por que negar-lhe isso? Por que fazer com que ela seja privada ao mesmo tempo do apoio materno e do apoio da terra, mãe simbólica?

O bebê tem necessidade de apoiar concretamente no chão a planta dos pés, todos os dedos; a arcada plantar não tem necessidade de ser sustentada, ou seja, bloqueada. É uma mola, a arcada plantar; elástica, móvel. Foi feita para desempenhar o seu papel, sem obstáculos. Não deve assustar a ideia de que as articulações da criança brincam entre si. As nossas também deveriam ter licença para brincar.

Antes de nos precipitarmos para os pés da criança ainda pequena, procurando corrigi-los, mais vale saber admirar o lindo leque formado pelos seus cinco dedinhos e as bordas bem retas dos seus pés.

Mais vale interrogar-nos sobre o que aconteceu conosco, sobre a fatalidade que marcou nossos pés cheios de calombos, pontudos, nossos dedos dos pés torcidos, e saber se essa fatalidade era mesmo inevitável.

André, Mireille, Linda, Jean estão sentados no chão, na minha frente. Descalços...

Os pés de Linda são largos, "pés pré-históricos", como ela diz. Os de André têm longos dedos pálidos; nenhuma de suas falanges encurvadas tem força para pressionar o chão.

Os pés de Mireille lembram sem tirar nem pôr um par de bolinhos de massa solada. Fundas marcas brancas na pele bronzeada parecem vir de uma fôrma, como se a cozinheira desajeitada ou apressada tivesse quebrado a crosta ao tirá-los do forno.

"Está olhando para as minhas cicatrizes? Meus pés eram mais ágeis antes da operação... Tinham umas saliências, mas eram ágeis."

Ela levanta rápido a cabeça, toma fôlego:

"Sabe o que fiz com os pedaços que tiraram daqui?"

Olha bem para mim e solta:

"Eu os cozinhei."

A pele da minha cabeça se arrepia. Logo me vem à mente que Mireille é especialista em gastronomia. Colabora para diversas revistas, faz viagens ao estrangeiro, onde seus artigos são muito admirados.

Ela vira-se para André:

"O que podia eu fazer com dois ou três pedacinhos de osso num frasco?"

André abre e fecha a boca sem nada dizer.

"Guardar? Estavam sem vida. Jogar fora? Apesar de tudo, faziam parte de mim. Preferi cozinhá-los."

Acrescenta, abaixando o nariz:

"Se a gente pode ser cortada, por que não pode ser cozinhada?"

Quando Mireille levanta a cabeça, percebo que teve tempo de pregar um sorriso nos lábios:

"Vejam exatamente como fiz..."

Com voz de profissional, a voz clara e nítida que usa para explicar suas receitas famosas, Mireille conta como teve a ideia de pôr uma panela de água no fogo, como abriu o frasco, como deitou na água fervendo os restos de falanges dos seus artelhos, como seis minutos depois um delicioso cheiro de cozido se espalhou pela cozinha, como quinze minutos depois encontraram-na desmaiada no chão.

As raízes reanimadas

"No outono, cuidado para nunca machucar as raízes..."

Tenho sempre guardado num armário um enorme embrulho com artemísia. A artemísia é uma planta silvestre que nasce à toa, em qualquer lugar, nas estradas. Nesse dia, fui buscar a artemísia. Mireille, André e outros estavam "trabalhando" um ponto chinês famoso, um três estrelas, que se chama *San-Li*. É fácil de encontrar. Coloca-se um dedo sobre a cabeça do perônio, do lado de fora da perna, um dedo sobre a tuberosidade da tíbia, na frente da perna, abaixo do joelho, e um terceiro dedo mais embaixo, no ângulo inferior do triângulo que assim se forma; os três dedos ficam a igual distância um do outro. É aí, no ângulo inferior, que se encontra o San-Li. Pode-se massageá-lo com o dedo, aquecê-lo fazendo queimar folhas de artemísia enroladas em bolinhas do tamanho de uma ervilha. Nunca se deve colocar a artemísia em contato direto com a pele, só a certa distância. Pode ser assim aquecida – são *moxas* – de sete a cem vezes por dia, para tratar toda espécie de males, cansaço, angústia, insônia, dores de estômago, distúrbios da vista. E isso nada tem de estranho, pois todos esses males têm um causa comum: o fluxo perturbado de nossa energia vital. No outono, a seiva das plantas circula naturalmente na direção das raízes. No nosso corpo, durante o outono, a energia tem dificuldade para fazer esse caminho: bloqueia os maxilares, o pescoço, a respiração, e tem ainda maiores dificuldades para circular mais embaixo, nas costas, no sexo, nos pés.

Se você não deseja procurar o San-Li na sua perna e preparar moxas (é preciso dispor de uma pinça para segurá-las sem queimar os dedos), basta que se abaixe, apanhe castanhas do chão, sob as árvores, e massageie com elas a planta dos pés. Você pode sentar-se numa cadeira, apoiar a superfície da planta dos pés e a face inferior dos dedos do pé sobre essas castanhas colocadas no chão, e fazer uma massagem demorada. Você não precisa gastar mais do que

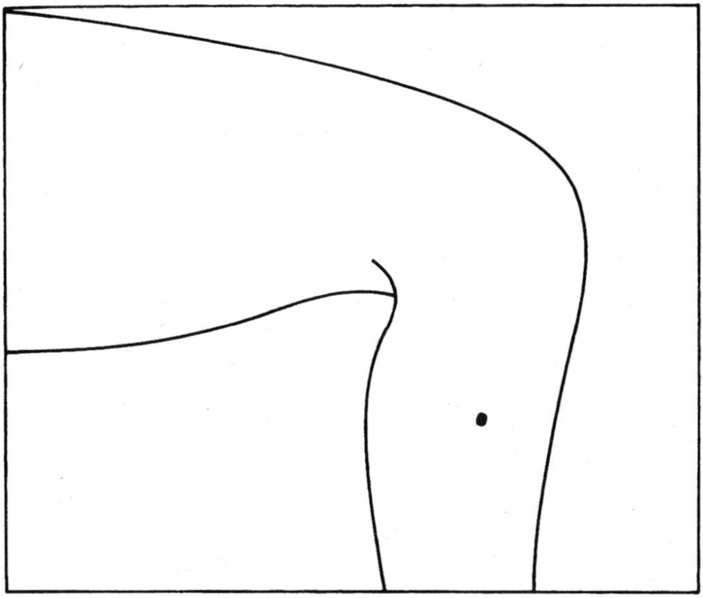

isso: castanhas, nozes, seixos redondos, tudo pode ajudar muito a sua seiva a circular no outono.

Um paciente pode esconder outro

No domingo à tarde, ela punha um vestido de veludo preto de algodão. Um tecido chique, presente da patroa. Um tecido que não se acabava. Uns tempos depois uma vizinha cortou-o e fez para mim quatro vestidos de luxo. Que não se acabavam.

Com o vestido do domingo, ela punha os sapatos do domingo e saía para a cidade. Nunca ia muito longe. Não conseguia. Bem depressa tinha que encostar o ombro na parede de um prédio e ficava pálida como cera. O suor porejava embaixo do nariz, nas têmporas. O rosto dela parecia encolher. Eu ficava com medo, achava que ela ia derreter em gotas quentes, desaparecer na minha frente como um enorme círio da igreja. Achava que ia perdê-la.

Não. Ela continuava de pé, imóvel, com a ponta do sapato virada para o alto, o salto fincado no chão.

Às vezes, ela não aguentava mais, tirava o pé do sapato e eu olhava horrorizada o que ela chamava de joanete. O seu dedão do pé completamente atravessado saía não do pé, como os outros dedos, mas daquele tumor vermelho e amarelo que brilhava no lado. Aquilo parecia uma cebola enorme.

Lágrimas lhe vinham aos olhos; ela chorava sem se dar conta. Dizia que aquilo "chegava ao coração". Se alguém na rua começava a olhar para ela, punha-se logo a andar, estropiada, assustada, pássaro do campo perdido na cidade.

Nunca ela se sentava num banco, e muito menos à mesa de um café. Acho que não tinha coragem. Andava pela sombra e nunca parecia estar no seu lugar.

Em nenhum lugar ela parecia estar em casa. Para mim, ela dava a impressão de se esconder por uma falta cometida. Qual? Não tinha a menor ideia. Mas estava convencida de que ela era culpada. Aliás, ela também parecia convencida disso.

Hoje sei qual era a "falta". Ela não era igual aos habitantes dessa grande cidade da província. Isolada e diferente. Muito despojada.

Era como aquelas criaturas das histórias que meu avô, o pai dela, contava na montanha.

Por mais que a suave personagem encontrada no bosque procure disfarçar a voz, os trajes, o rosto... Basta baixar os olhos, você dá com os pés – fendidos – e logo fica sabendo que não é um semelhante. É um impostor. É um animal, ou pior ainda...

Ela não tinha os pés fendidos; os dela eram largos e capazes de andar descalços no mato. Bem que ela tentara disfarçar. Fez o que pôde para escondê-los. Com esforço, enfiava-os nos sapatos das patroas, presentes recebidos. E como não dava, elas os enfiava à força nos calçados que conseguia comprar no sapateiro vizinho. Mas nunca serviam. Seus pés sempre eram muito largos, muito fortes, nada pontudos para caberem naqueles sapatos distintos e ridículos.

Ela fazia o impossível para passar despercebida, para ficar de acordo com o resto, para se confundir. Mas os pés a traíam sempre. Eles viviam se torcendo, sangrando, supurando, se rebelando, enfim, mostrando que eram diferentes.

Devo dizer que todo o resto do seu corpo tinha aprendido a enganar. No fundo das cozinhas, a sua pele tinha esquecido o sol e o vento. Sob a uniformidade da iluminação elétrica, seus olhos tinham esquecido o movimento natural da luz e da sombra. Suas mãos só sabiam lidar com bacias e vassouras. Ela havia forçado seus ouvidos a escutarem e a língua a falar uma linguagem diferente. Havia forçado seus gestos a se confinarem em quatro paredes.

Ela não parecia sofrer com isso, não se queixava nunca, nunca falava do vilarejo onde nascera. A não ser para ressaltar-lhe os defeitos - pobre artimanha - se lhe faziam perguntas: inverno muito frio, verão muito quente... Afirmava não desejar nunca mais voltar lá e parecia falar de uma região que houvesse visitado por acaso e que não lhe agradara.

No entanto... os seus pés... selvagens, rebeldes e torturados denunciavam as próprias raízes. Os pés que ela não podia deixar à mostra, que não podia calçar, doíam muito. Doíam tanto que a dor, por um incrível caminho, atingia-lhe até o coração.

Naquela época, é claro, eu não era capaz de ajudá-la. Não sabia dizer-lhe que os seus pés tinham razão e que os sapatos estavam errados. Não sabia dizer-lhe que os calçados de madame, que ela julgava muito distintos, não prestavam. Olhando melhor, serviam, sim, mas para esconder as extremidades de um pobre-diabo no bosque; não serviam para alojar pés humanos.

De fato, como eram esses sapatos?...

Primeiro, eram chifrudos. Por baixo eram armados com chifres retos e afilados. Em resumo, tinham saltos. Na frente acabavam em ponta. Só poderia ser aí bem recebido e sentir-se à vontade um pé pontudo, terminando num dedo central, único, monstruoso.

Como veem, esses sapatos nada tinham de raro. Aliás, a moda pouco mudou. Ainda se usam sapatos desse tipo. Veja os seus.

Aí está... você viu, por dentro, o que é a vocação de terapeuta...

Você viu ao que ela se atém... Ela se atém a lembranças de menina. E quer saber onde isso fica?... Fica no corpo. Nas dobras mais apertadas da pele e das vísceras, no recôndito dos nervos e dos músculos. De todos os músculos. O coração inclusive...

Um terapeuta (eu, por exemplo) pode pensar que apenas estuda tranquilamente os mecanismos articulares para dele retirar argumentos técnicos. Pode pensar que age pela exclusiva satisfação de fazer um bom trabalho, um trabalho eficaz. Pode pensar que a única razão que o prende à sua tarefa é o fato de ela ser uma tarefa útil. Pode pensar que manipula apenas o paciente que tem sob os olhos. Pode continuar pensando... Ele não vê o que o manipula, ele, terapeuta.

Um paciente pode esconder outro. Outro que é exigente, intratável... Outro que é intocável. Outro tão distante que a mão que se estende jamais poderá atingi-lo. A mão de quem trata, que se estende, apenas toca o vácuo... Um gesto vão, um gesto patético. É como dar vida outra vez a um morto.

Você está vivo, não é? Eu também estou viva. Já que está vivo, vou fazer por você o que não soube fazer por ela.

Em primeiro lugar, digo-lhe: tome cuidado para nunca deixar os seus pés entrarem num lugar qualquer. Não os deixe entrar em um receptáculo qualquer aparentemente destinado a esse uso. Não deixe que um objeto qualquer se interponha entre a sola dos seus pés e a terra. Mesmo se a terra não passa de asfalto das cidades, esse apoio lhe é precioso, absolutamente vital. O seu aspecto, saúde, liberdade dependem disso.

"Não!", diz você, "isso é engano seu. Eu não sou um(a) selvagem. Não passo o dia andando descalço(a) no mato. Não calcei o primeiro par de sapatos aos quinze anos. Estou perfeitamente adaptado(a), meus pés são normais."

Vamos admitir que seus pés sejam "normais". Assim mesmo, vou insistir. É preciso tirar a dúvida: seus pés são normais em relação aos dados científicos da anatomia humana, ou são normais em relação à forma dos seus sapatos?

"O que é, exatamente, a forma do meu pé?", perguntava, irritada, uma moça com os dedos dos pés drasticamente apertados no calçado de verniz amarelo. Respondi-lhe que, de acordo com a Natureza, os pés são mais largos na frente do que atrás. Interrompeu-me com um muxoxo:

"Não é a moda de hoje. Eu conto com o calçado para dar forma ao meu pé."

Girou sobre os calcanhares e saiu em passinhos saltitantes. Imagino essa moça hoje, correndo as lojas em busca de um par de pés sobressalentes. Vai seguindo pelas vitrines, de pescoço esticado, olhos fixos. De repente, para e o olhar se enche. Entra e traz uma caixa com um par de pés novos. Pontudos ou triangulares, de crocodilo ou camurça, amarelos ou azuis, não tem importância. São da moda.

Os pés dela são "normais". Foram amestrados para ficarem calados, para não deformarem o sapato. Atrás são erguidos pelo salto, na frente são empurrados para as pontas; entre pontas e salto, o pé fica pendurado no vácuo.

"E então? Ao menos ela não terá problemas para achar calçado", pensarão alguns. "Não é mesmo melhor, desde o início, ter esses apêndices bem reprimidos e quietos, de uma vez por todas? Não é melhor isso do que ter pés rebeldes, rachados com vulcões, que causam uma dor infernal?"

Por que ter como escolha esses dois males?, pergunto eu. Não há outra solução? Olhe para a forma anatômica do seu pé. Mesmo que esteja deformado, dá para perceber a sua forma natural através das contorções que lhe foram impostas. Procure afastar dos outros dedos o dedo mínimo do pé; procure afastar o dedão dos outros dedos do pé. Passe os dedos da mão por entre os dedos do pé; procure enxergar os vãos tão bonitos que normalmente existem entre os seus dedos do pé.

Olhe no espelho a planta dos pés e olhe as solas dos seus sapatos aí ao lado. Você não fica admirado com a mesquinhez das solas, com o contorno apertado, arbitrário, despótico, se comparado ao contorno dos seus pés?

Largados ao lado dos seus pés descalços, uma manhã, os sapatos da véspera hão de parecer-lhe estranhos e ridículos. Você vai se perguntar como conseguiu pôr um pé adiante do outro usando uma coisa dessas. Você vai se perguntar por que aceitou essa situação, você vai se perguntar se aceitará continuar assim por muito tempo.

Sapatos de outono

Eu tinha um projeto de estação neste mês de outubro; gostaria de discorrer bastante sobre a atividade ritmada do nosso corpo no outono. Segundo a tradição chinesa, confirmada por muitas observações ocidentais, nossos pulmões estão no auge da atividade. Os intestinos também e os sabores picantes lhes são convenientes. Nosso olfato está igualmente no apogeu da atividade, mesmo que esse apogeu para certas pessoas não seja dos mais altos, e os cheiros acres lhe agradem.

Olfato, pulmões, intestinos despertam no outono, segundo uma tradição mais que milenar... Outra coisa, porém, desperta em nós a cada outono: o hábito cíclico de comprar um novo par de sapatos. Vamos começar então por aí.

Pense nessas questões de base. Observe os seus sapatos e, é lógico, os seus pés. Preocupe-se com a improvável compatibilidade entre estes e aqueles.

Com os pés entravados, ninguém tem liberdade para mover-se, não é? Com os pés entravados, os movimentos das extremidades ficam evidentemente impedidos, todos os movimentos do corpo, reduzidos, os das pernas e das costas, como também uma porção de movimentos internos que nossos órgãos fazem sem que tenhamos de pensar e decidir.

Não se deve crer que músculos e vísceras façam corpo à parte. A parte de dentro não pode ignorar os tormentos da parte de fora. Nossos órgãos profundos sofrem inevitavelmente o mesmo sofrimento dos músculos que estão sob a pele.

Às vezes, parece que o sofrimento se esvai. Não, ele se enterra. "O sofrimento... Os pés entravados..." Com quem você pensa que está falando?, perguntará você. Com um condenado no fundo de uma cela?

É, dirijo-me a você que é prisioneiro, e pior ainda, prisioneiro voluntário, de pleno acordo. Não é você que prende todas as manhãs os pés em calçados que impedem os movimentos naturais do corpo?

Seus movimentos estão impedidos, sem nenhuma dúvida, se os seus sapatos não correspondem ao contorno do seu pé, se os dedos do pé dentro desses sapatos não têm lugar para se esticar e mexer à vontade. Refiro-me, é claro, ao contorno anatômico do pé tal como a Natureza o previu, e não tal como ele se tornou, pontudo, cheio de calos.

"São firmes as mulheres aqui em Paris, e corajosas", observava uma amiga canadense, sentada no terraço de um café por onde passava muita gente. Minha amiga vinha de um lugar onde a neve quase nunca permite que se ande de saltos. Junto com ela eu olhava as corajosas avançarem pelo passeio. Eu via que caíam a cada passo e que, a cada passo, de repente recuperavam o equilíbrio. Todas as que passavam? É sim, todas as que usavam saltos pequenos, médios ou grandes.

Os saltos altos são evidentemente mais espetaculares. Elas caem, as corajosas, por uma fração de segundos, e com duas ou três rápidas torções do tornozelo, uma torção de costas, elas se recuperam. Um dos saltos bate com força no chão, de viés – reto é impossível –, derrapa imperceptivelmente; o corpo vacila, atingido até os cabelos. Cada passo é um desafio, cada passo é uma prova.

"Olhos vendados, num pé só, com as mãos amarradas", uma prova cruel, como existem às vezes nos brinquedos de criança. Cada passo é uma batalha encarniçada para avançar, para ganhar um metro de terreno, para conseguir manter no chão a haste instável, fugidia, do salto, para conseguir em seguida lançar o outro salto para a frente, com a perna dobrada, pois é impossível desdobrar inteiramente a parte posterior da perna que está armada de um salto.

Entretanto, o rosto, nos andares superiores, permanece indiferente à luta encarniçada que se trava mais abaixo. O rosto parece completamente alheio aos esforços desesperados das pernas, das costas, do sistema nervoso, obrigados a recompor a cada passo uma aparência de marcha humana. Curioso: o rosto tagarela, vira-se para as vitrines, sorri como se estivesse separado do corpo.

"Andar sem salto? Impossível! Tenho dor nas costas quando ando sem salto", dizem muitas mulheres.

Têm razão, coitadas, de dizer que sentem dor nas costas quando estão sem salto. Mas estão enganadas quando creem condenadas a conservar sob os pés tais próteses. Se você usa salto, suas pernas se acostumaram a viver levantadas alguns centímetros, na parte posterior, exatamente a altura do salto. Em compensação, os seus músculos se acostumaram a viver encurtados alguns centímetros, isto é, exatamente a altura do salto. O que você pensa "ganhar" de um lado, perde do outro. E perde porque reduz perigosamente os músculos do corpo. Estou falando, é claro, dos músculos da parte posterior das pernas, das coxas, das costas, que se retraem em lesões permanentes. Pousar os calcanhares no chão, encostados diretamente no chão, sem a mediação de saltos, obriga os músculos a se alongarem bruscamente. E como uma coisa tem a ver com a outra, os músculos das costas, também eles, são obrigados a se alongarem. Alongar-se é exatamente o que não podem mais, não sabem mais fazer, então eles doem...

Mas, você percebe, a sua elegância natural, a sua saúde não combinam com esse jogo de equívocos: um falso comprimento pela frente *versus* um real encurtamento, por trás, dos músculos, da matéria viva do seu corpo.

De tanto querer introduzir o que foi feito para ser quadrado em algo pontudo, estranhas mutações não previstas pela Natureza acontecem; as articulações se bloqueiam, se encavalam, os dedos do pé amarrados num bloco compacto não conseguem se esticar, apoiar, pressionar o chão durante a marcha. Os músculos do pé e seus prolongamentos na perna, contraídos, vivem puxando as articulações. Os músculos reúnem no mínimo dois ossos de uma articulação; se os músculos se contraem, os ossos não têm outra saída a não ser desviar: as extremidades dos ossos, que se encaixam com precisão, ficam afastadas uma da outra. O *hallux valgus*, o calombo tão frequente do dedão, não tem, originalmente, outra causa. Se as articulações ficam presas do modo arrevesado durante anos, a cartilagem, aquele revestimento mole e esbranquiçado das extremidades ósseas, acaba gasta, deteriorada.

Entretanto, mesmo nesse ponto de deformação, você pode liberar suas juntas, pode alongar os músculos. Nossos músculos são feitos de matéria maleável, viva: as energias vivas não desejam outra coisa a não ser ganhar a parada. Pôr-se de pé, encontrar os apoios naturais na terra é uma experiência perturbadora, reconfortante, que todos nós podemos tentar com sucesso.

Vou explicar mais ainda como é a forma anatômica do pé humano. As bordas do pé são retilíneas, nascem retilíneas, nada as deveria desviar. Do calcanhar ao dedinho do pé, a borda externa deve seguir uma linha oblíqua para fora; do calcanhar ao dedão, a borda interna deve seguir uma linha oblíqua para dentro. Esta borda interna é apenas abaulada pela arcada plantar natural. As duas bordas, interna e externa[1], são retilíneas, partem obliquamente do calcanhar para os dedos, já que nosso pé se alarga para a extremidade. Os inúmeros ossinhos que formam a harmoniosa estrutura do nosso pé se multiplicam na extremidade; cada um desses ossos se articula com os vizinhos, e todas as articulações têm uma razão de ser; nenhuma delas pode ser bloqueada sem prejuízo do equilíbrio e da saúde do corpo todo.

O melhor, o mais eficaz, o mais inteligente dos tratamentos já está comprometido se, assim que você sai de uma sessão, torna a enfiar os pés nos instrumentos de tortura de sempre. Logo, é preciso começar livrando-se deles, e nunca mais pôr os pés aí.

Sei muito bem que não é fácil:

"Ah, entendi, a senhora quer sapatos para caminhadas!"

E a vendedora toca a sumir no fundo da loja antes de trazer-lhes na mão esticada um par de borzeguins, modelo da guerra de 14, e que parecem estar desde então esperando pelo matuto que possa escolher tal calçado.

Contudo, qualquer sapato deveria respeitar o contorno do pé. Deveria ter bordas que se afastam uma da outra, indo do calcanhar à extremidade. Os sapatos de esporte, como os tênis, por exemplo, também não levam em conta a morfologia sadia do pé. Suas bordas são obstinadamente curvas e se estreitam em vez de se alargarem para a ponta do pé. Os calçados anunciados como "anatômicos" às vezes ainda são piores, porque dentro têm solas plantares infelizes que bloqueiam a arcada do pé, impedem o seu jogo natural, roubam-lhe a elasticidade e, por conseguinte, nunca deveriam ter existido.

Os homens tanto quanto as mulheres sofrem por causa dos sapatos; se não têm saltos – às vezes têm –, os calçados masculinos possuem extremidades invariavelmente triangulares e podem ter a ponta arrebitada, impedindo os dedos de tocar o chão.

1. Em termos anatômicos, externo designa o que fica fora em relação ao eixo mediano do corpo. Interno, o que está dentro, voltado para o meio do corpo.

Costuma-se dizer na França "idiota como os próprios pés"; eu diria: idiota como os próprios sapatos. Se aparecer alguém capaz de projetar calçados com as qualidades do pé humano, isto é, calçados inteligentes, elegantes, bonitos, eu lhe vaticino um brilhante futuro, um sucesso mundial...

Nunca deveríamos admitir que nos pregassem pelos saltos, como uma borboleta morta. Todos os sapatos deveriam ser projetados para andar. Todos, exceto os que são feitos especialmente, parece, para pés de cadáveres, para a última viagem. Tirando essa especialidade das funerárias americanas, todos os sapatos deveriam possibilitar que se colocassem os pés no chão e que se andasse.

Exceto, talvez, mais uma exceção... se você não tiver outro meio para afastar o insuportável. Em *Les paravents*, de Genet, a mãe, calçada para o ridículo casamento do filho, de salto alto, sapatos desemparelhados, apanhados numa lata de lixo, diz:

"Em toda a minha vida, calcei-os duas vezes. A primeira foi no dia do enterro do teu pai. De repente eu estava tão no alto que me senti como uma torre olhando a minha tristeza que ficara no chão, onde enterravam o teu pai."

4
A NOITE DOS TEMPOS

Segundo Platão, Zeus teria sido o responsável. Teria cortado os homens ao meio, como vulgares bananas secando ao sol. E eis por que nunca mais conseguiremos ver com nossos olhos o que se passa nas nossas costas. E aí passam-se coisas... Não me refiro apenas aos músculos contraídos pelos saltos que colocamos sob os pés.

Vocês devem conhecer o famoso discurso de Aristófanes, um dos convidados do *Banquete*: "Outrora, cada homem tinha a forma redonda, com costas e flancos abaulados, quatro mãos, outras tantas pernas, dois rostos idênticos num pescoço redondo, e nesses dois rostos opostos uma única cabeça, quatro ouvidos, dois órgãos da geração, e todo o resto de acordo". Os homens eram de três espécies: macho, fêmea e andrógino. Todos procediam do Sol, da Terra, da Lua. Tinham vigor excepcional. E audácia. Começaram a ameaçar os deuses, a querer escalar o céu.

Foi então que Zeus, furioso, desceu em pessoa à terra e, para enfraquecê-los, teve a ideia de cortá-los em dois pedaços, ao meio, no sentido do comprimento. Apolo o acompanhava, e veja o que faz: Apolo virou o rosto, bem como a metade do pescoço que acabara de cortar, para o lado do corte, a fim de que, ao vê-lo, "o homem se tornasse mais modesto". Em seguida, Apolo puxou de todos os lados a pele para o lugar que hoje se chama ventre. "... ele só deixou um orifício e amarrou a pele no meio do ventre: é o que se chama umbigo. Depois, poliu quase todas as dobras e modelou o peito...

Mas deixou algumas dobras, as que ficam no ventre e no umbigo, como lembrança do antigo castigo."

Sei muito bem que o tema do discurso é o amor. O amor apaixonado de uma metade pela outra, que dela foi cortada, que ela deseja e que lhe falta.

Mas, do ponto de vista anatômico, as coisas podem também ser consideradas assim. Temos de fato no nosso corpo um lado "cara" e outro "coroa", bem diferentes. Temos um lado arrogante e um lado humilhado. Temos costas muito fortes e barriga mais fraca. Aliás, não apenas as costas e a barriga. Em todo o comprimento, da cabeça aos pés, os dois lados diferem bastante. O lado das costas parece persistir numa antiga insolência, e o outro, o da frente, parece lembrar que um dia foi humilhado.

Se Apolo não tivesse virado o rosto, seriam as costas que estariam sempre sob os nossos olhos. Acompanharíamos todos os seus movimentos, estaríamos em ótima posição para constatar a sua força. Em vez disso, é a barriga, com os sinais da ferida, que temos sob os olhos, o que nos convence de nossa fraqueza.

Se, em lugar de lendas, você prefere a realidade anatômica, saiba que temos na parte de trás do corpo uma possante cadeia muscular, que vai do crânio aos calcanhares, e mais além, pois ela se prende sob os pés e segura os dedos na sua trama.

Essa cadeia, como um tecido sem falha, estende milhares de fibras de um lado ao outro do corpo, mas somente na parte de trás. As fibras dessa cadeia muscular se prendem em nossos ossos por tendões sólidos. Encaixam-se umas nas outras, superpõem-se em camadas ajustadas, estão admiravelmente dispostas, com simetria, de cada lado das vértebras das pernas.

Ao se contraírem, comandam todas as articulações, todos os movimentos. As fibras musculares dessa cadeia – posterior – têm uma constituição muito robusta, excepcional. São capazes de se contraírem com força e, quando contraídas, é muito difícil afrouxarem.

Com efeito, essa cadeia pode tornar-se uma verdadeira cilada na qual nos atiramos. Ficamos emaranhados nas fibras de nossos músculos, presos como o coelho que cai na armadilha cujos laços vão se apertando à medida que ele se debate.

Na frente, tudo é bem diferente. Não há cadeia anterior, mas sim músculos isolados que caminham separados ao longo, de atravessado, em oblíquo, sobre o nosso pescoço, peito, abdômen e parte dianteira das coxas. Esses músculos, isolados, desunidos, não têm a mesma força extraordinária dos seus antagonistas agrupados atrás do corpo. São numericamente inferiores à musculatura posterior, têm um número menor de ligações nos ossos, a textura de suas fibras é diferente, menos forte, mais flexível.

Atrás, os músculos da cadeia posterior, bem organizados, agrupados, solidários entre si, pretendem participar de todos os nossos movimentos. Nossa musculatura, atrás, contrai suas fibras, incansável, agita braços e pernas, cabeça e costas. Se estamos de pé, pensando que não estamos fazendo nada, se começamos a andar, se levantamos o braço, nossa musculatura posterior intervém, contrai-se. Ao se contrair, forçosamente diminui de comprimento. Se a musculatura estiver permanentemente contraída, estará permanentemente mais curta.

A composição química e a aparência dos músculos se modificam. De apenas rígidos, tornam-se contraídos, encolhidos. Nossos músculos, repito, comandam as articulações; são eles que fazem mexer os ossos do esqueleto e, por conseguinte, são eles, e somente eles, que dão ao nosso corpo a forma que tem. Ao aproximar as articulações, os músculos são capazes de dobrar a coluna, mantê-la arqueada, exagerar as curvaturas e achatar as vértebras.

As bordas ósseas das vértebras, juntadas à força, comprimem nossos "discos" delicados, sensíveis, e a raiz dos nervos, mais sensível ainda...

Sentimos dor, muita dor mesmo. Há quem tenha medo de que as vértebras "pulem", que as costas não "aguentem". Estão absolutamente convencidos de que a fraqueza dos músculos das costas é que causa dores.

Se pudessem vê-los permanentemente, constatariam os nós, as contrações dos músculos apertados; constatariam que se as costas entortam, se ficam dobradas, é pela força, pelo excesso de força, e nada mais.

Enquanto atrás se desenrola esta cena – dramática –, o que fazem os músculos da frente? Bocejam, os músculos da frente. Estão inibidos por seus parceiros-antagonistas que os proíbem de agir. Aumentam de volume, ficam mais pesados entre os seus tendões. Diante dos olhos, lá os temos flácidos e molengos. Concluímos apressadamente que toda a nossa musculatura é muito fraca e precisa ser corrigida.

Na verdade, a musculatura gosta de ser tratada com tato e inteligência. Gosta de ser compreendida. Os músculos que ficam atrás só precisam ser afrouxados, alongados. Os músculos da frente não precisam de nada. Se são fracos é porque as contrações dos seus antagonistas impedem que, por sua vez, eles se contraiam. São desse jeito, submetem-se a essa lei, a esse mecanismo peculiar. Solte a cadeia aferrolhada que existe atrás e verá que, na frente, os músculos deixados em liberdade conseguirão, sozinhos, mudar de forma, mudar de aspecto.

É atrás que a forma de nosso corpo decide. Somos esculpidos por trás e quase sempre amassados sem complacência. Se os "rins", isto é, a região lombar, for côncava, entrada, enterrada, ela força a barriga a empinar. Se, mais acima, entre os ombros, temos um vão, o esterno, na frente, é saliente, assim como as primeiras costelas. Se nossa nuca for côncava, projeta o queixo para diante.

É claro que podemos duvidar de como simples fibras musculares têm tanto vigor para modelar com força, com violência, a forma do corpo. Como a matéria rígida de nossos ossos se deixa perturbar pelos tecidos dos músculos? É porque, se os músculos podem se encolher, os ossos não podem. Os ossos, articulados de ponta em ponta, só podem se desviar, se empurrados de lado pelos músculos encolhidos que os obrigam permanentemente a se aproximarem uns dos outros. Nossos ossos se desviam, acabam se desgastando nas extremidades, mas nunca se encolhem.

Os músculos, já disse mais de uma vez, são vivos, maleáveis, vivem pedindo para se alongarem. Em qualquer idade você é capaz de alongar seus músculos. A idade, o grau de deformação, nada pode impedir ninguém de encontrar e de manter sua forma autêntica, bela, sadia.

Não é a idade, não são os músculos, não são os ossos que nos impedem... Trabalho há muitos anos e devo reconhecer que há um impedimento. Não insuperável, mas real. Por mais duros que estejam nossos músculos, nunca serão tão duros quanto nossas convicções, ideias, preconceitos em relação à forma. O impedimento maior não estará no medo selvagem e profundo que temos de mudar, de perder algo de nossa rigidez, de perder a forma que temos?

O limo da terra

"Nascemos do limo da terra", afirmava antigamente o jovem padre da aldeia. Eu acreditava. Para quem olhasse o seu rosto rosado, acima da batina, era verdade. O rosto era feito da massa tenra e argilosa, pouco cozida, como os que nascem no fundo dos vales limosos; sua voz subia em volutas aveludadas até a abóbada despojada da igrejinha.

O abade estendia de repente os dedos de falanges cintilantes, de penugem ruiva como o pelo curto da cabeça, e, rápido, lançava:

"Trata-se apenas de uma imagem."

Pena; por que apenas uma imagem?

No fundo, saímos mesmo das águas lodosas da terra. Dela saímos à custa de muitos riscos e perigos. Saímos com dificuldade, depois de aí ter passado um número colossal de séculos, de milênios.

Todos sabem que não viemos de uma rosa, de um repolho e que também não caímos do bico da cegonha. Adão não se ergueu de chofre sobre as pernas, de dentro da noite, já guarnecido dos famosos atributos da espécie, o maior cérebro e o maior pênis.

"Meu Deus, faça com que não seja verdade. E se for, ó meu Deus, faça com que ninguém o saiba", implorava uma contemporânea de Darwin quando lhe revelaram que o chimpanzé era um dos nossos ancestrais. Talvez essa senhora ainda não soubesse do pior; não só o chimpanzé, mas também um certo musaranho, peixes, algas, bactérias e principalmente répteis, répteis em quantidade... Todos fazem parte dos nossos antepassados. De fato, estão incorporados em nós mesmos; estão intimamente ligados à massa de que somos feitos, e tão bem ligados que não ficou um único grumo.

Muita gente é fascinada pela história do planeta, pela aparição da vida, pelo zoológico maravilhoso das espécies que nos precederam. Será que lhes passa pelo espírito – e sobretudo pelo corpo – a ideia de sentir dentro de si mexerem os longínquos parentes, ainda muito vivos...

Na origem, não era um paraíso a vida na Terra. Era um inferno. Um inferno do qual o padre, que descrevia tão bem o inferno, não tinha a mínima ideia, um inferno difícil de imaginar. Na origem, dizem, havia o fogo essencial, a fornalha, a explosão cósmica, as radiações mortais.

Quando nascemos – quando as primeiras células vivas nasceram –, a morte lá estava, também. O sol fustigava a terra, que ainda não estava protegida pela bela camada de ozônio azul, a terra incendiada, calcinada por seus raios.

Nós, as bactérias, encontramos refúgio no côncavo do oceano primitivo. Lá tivemos tempo para nos multiplicarmos e nos transformarmos. Tivemos formas simples, no início, formas de vermes marinhos, de medusas. Depois, formas mais complicadas de peixes e, pela primeira vez, uma coluna vertebral óssea.

Nós, quer dizer, nossos antepassados, ficamos durante milhões de anos (quinhentos, seiscentos milhões de anos, segundo os especialistas) no fundo dos oceanos, em prudentes, abissais ruminações.

Finalmente eles, nossos antepassados, saíram das águas, mas parece que não de espontânea vontade. Eles não resolveram sair, foram as águas que se retiraram. Eles, forçados pelas perturbações geológicas, levados por um furioso instinto de vida, tatearam – com o pé? – a terra firme... Aliás, não de todo firme. A terra era buliçosa, convulsa, nada fácil.

Se lhe conto isso, que você pode encontrar explicado pelos melhores especialistas das ciências da vida em livros muito completos, é para chamar-lhe a atenção sobre um pormenor da anatomia de nossos antepassados que tem a ver com a forma. Pormenor? Por que não dizer armação central da anatomia deles e da nossa? Refiro-me à coluna vertebral.

Vertebrados, nossos antepassados já eram desde os primeiros peixes. Vertebrados permaneceram, é lógico, quando mais tarde, bem mais tarde, alçaram-se na beira das lagunas. Grandes metamorfoses neles se operaram: os pulmões se formaram para respirar de vez em quando uma lufada de ar da terra, o coração se formou para fazer circular os fluidos do corpo, e o sexo, para "gerar uns nos outros, isto é, o macho na fêmea", como diz Platão, em vez de espalhar sua semente no curso das águas. Os membros brotavam, membros que modificavam as antigas barbatanas, tornadas incômodas.

Nossos antepassados, desde então anfíbios, supostamente capazes de se moverem na água e fora da água, conheceram momentos difíceis. As barbatanas articuladas a partir daí como membros não valiam muito para nadar e, para andar, não valiam nada.

Finalmente venceram, resolveram com elegância e simplicidade os problemas de locomoção, resolveram a difícil escolha: patas ou barbatanas? Ou seja, eles não escolheram. Tiveram patas, é claro. Mas que fossem patas de verdade ou falsas barbatanas já não tinha mais importância.

Para locomover-se, usaram o que sempre lhes fora conhecido, o que era de toda confiança, o que havia dado certo na água. Usaram a coluna vertebral, ou mais precisamente, os músculos da coluna vertebral. E as patas? Serviam de apoio, de complemento. Para avançar, faziam ondular a coluna, como já o faziam na água, como o fizeram desde sempre.

Está aí aonde eu queria chegar, eis o que nos diz respeito. Veja a obra-prima da Natureza: é a coluna vertebral e, ligados a todas as vértebras dessa coluna, músculos muito fortes.

Há quinhentos milhões de anos ou mais, a Natureza não consegue nada melhor. Reedita indefinidamente o mesmo plano: uma coluna central e, de cada lado dessa coluna, massas musculares simétricas, capazes de se contraírem com força.

É, de uma assentada, obra-prima nítida, elegante, precisa, perfeita. Houve uns retoques mínimos, o plano inicial permanece o mesmo.

Pode-se nadar, rastejar, correr, andar, com esta organização muscular, com estes músculos. Que na superfície estejam recobertos de escamas, pelos ou pele lisa como a nossa, isso não muda grande coisa na organização dos músculos que estão por debaixo.

Você pensa que anda com as pernas? Sim, anda. Mas você anda muito mais com as costas.

No ovo, desde o embrião, a Natureza procura reproduzir o seu projeto. É uma das primeiras coisas que ela esboça. Em torno da corda dorsal (uma espécie de haste flexível que prefigura a coluna vertebral) desenvolvem-se células dispostas já em maciços simétricos e que serão os futuros músculos paravertebrais.

Em seguida, desde o ovo, esses músculos da coluna prenunciam suas primeiras contrações. Dizem que o bebê-tubarão se agita no interior do ovo, contrai os músculos das costas, perfeitamente coordenados, como se já estivesse nadando. No ovo, a jovem tartaruga contrai os músculos dorsais, músculos que vão se anquilosar mais tarde sob a carapaça, mas que ela não para de contrair.

Nós também, com toda a evidência, contraímos os músculos dorsais e não conseguimos mais parar. É pela vida afora que vamos contrair os músculos dorsais.

5
O TEMPO DAS SERPENTES

Se você quiser saber exatamente como movimenta as costas, olhe a serpente que se mexe.

"Uma serpente! Que horror. E onde acha você que vou observar serpentes se mexendo?", perguntam-me logo. É verdade; as ocasiões são raras. Se tiver alguma, não deixe escapar, olhe bem.

Todos os possuidores de coluna vertebral são mais ou menos parecidos quanto à disposição e à organização musculares, mas os que mais se assemelham a nós, os que de fato se parecem conosco são as serpentes.

Tive a sorte, numa manhã de abril, numa ilha quente, de encontrar uma cobra...

A ilha fica no sul da Itália, é vulcânica; o fogo do centro da Terra chega até ela em fumarolas que atravessam a areia; águas carregadas de mistério e de milagres jorram por toda a parte, perto de vinhedos e pomares.

De mistério? Não, carregadas de magnésio, de manganês, de cobre e outros preciosos sais minerais, como afirmam os que as analisaram. Pois é claro que essas águas são analisadas e exploradas. Mas não demais.

O caráter movente dos terrenos, a indolência dos meridionais concorrem para que elas não estejam muito aprisionadas, para que corram livremente, a descoberto.

Nessa aldeia aonde vou, se a gente insiste, o prezado Dr. A, que costuma ficar sob um caramanchão de glicínias floridas, num halo azulado de abelhas e de perfumes, abre um olho; se houver muita insistência, ele pega o aparelho e mede a pressão. Só.

Envolvida numa bruma mágica que paira acima das águas e que se dissipa entre as folhas de laranjeira, a gente se banha, estende-se nessas águas. Na primavera, a chuva já é quente, o sol forte; o tempo muda muito.

A vontade de estar lá, naquela ilha, naquelas águas, me assalta todo ano, em março, com tal força que no início eu largava tudo, trabalho e pacientes, e ia embora sem dizer para onde. Agora as coisas mudaram, eu digo e vou para lá junto com alguns dos meus alunos.

As águas do mistério, um pouco salgadas, um pouco turvas, benéficas e quentes como o ventre materno, abraçam e embalam você. A pessoa sai dali outra, aprumada. Curada. A presença do magnésio, do cobre, não explica tudo...

A terra, remexida por baixo pelo fogo primordial, próximo, tão próximo que se pode senti-lo sob os pés, essa terra não deixa nunca de mexer com você. Ela mexe com o corpo, com os músculos, com o cérebro; às vezes mexe muito e, depois, põe tudo no lugar. Como antes? Não, nunca como antes. De modo diverso... Melhor do que antes.

Dorme-se nessa ilha, enroscado nos eflúvios da terra, dorme-se de punhos fechados, como uma criança. Sonha-se, sonhos de criança, coloridos, fabulosos.

A cobra, não. A cobra não era sonho. Estava, como um galho caído, atravessada no caminho. Achei que era um galho, fino e escuro, de uma espécie desconhecida, e me abaixei... Um grito nos assustou, primeiro a ela e depois a mim.

Uma cobra, o que pode haver de mais natural numa ilha que é um jardim? Pois bem, nada disso, nenhuma cobra deve aparecer nestes locais destinados aos hóspedes, os *ospiti*, vindos de longe. Nenhuma cobra, mesmo que esteja na própria casa, que tenha ali nascido e que não traga malícia, deve perturbar os *ospiti*.

Além do mais, essa cobra aparecia numa manhã de Páscoa, como se nada tivesse a ver com o Éden, com o pecado, com a briga que se seguiu entre os seus e os nossos.

Um homem rastreia continuamente as veredas, de ancinho em punho, caso... Foi ele quem gritou. Gritou de raiva contra a prova viva do seu descuido, contra a evidência da sua falta profissional. E agora quem gritava era eu, segurando o homem pelo pulso para tentar impedir o seu braço já erguido. Admirado, deu de ombros, abaixou o braço. Afinal, foi por minha causa que ele gritou.

A cobra deixou-nos gritar. Contorceu-se tranquilamente, escreveu sobre a pedra algumas letras que não compreendi, esgueirou a cabeça, balançou-a um instante junto ao chão, como se hesitasse.

Estava presa no caminho lajeado, ladeado de muros. Decidiu seguir em frente; a cabeça e a parte dianteira do corpo puseram-se a deslizar, o resto acompanhou. Ela ondulava, descrevia "ss" magistrais, através do caminho.

Nós a seguíamos com passos lentos, no ritmo dela.

Um buraco no muro, uma *boca**, disse o homem em voz baixa, surgiu, depois um outro... A cobra apalpava com a ponta da língua e passava em frente. Por vezes, voltava o pescoço esguio para nós, erguia a cabeça. Eu recebia em pleno rosto o brilho dos seus olhos de diamante.

Outros *ospiti* chegaram, rindo e correndo pelo caminho. Temi pelo susto deles, pelos gritos que dariam. Não, não houve nada. Ficaram atrás de nós, em silêncio, no mesmo passo, ou melhor, no passo dela, da cobra negra.

Só se ouvia um barulho de seda, o do ventre da cobra deslizando pelo chão de pedra.

---

* Em italiano no original. (N. T.)

Era digno de se ver, numa manhã de Páscoa, num caminho à beira-mar, o estranho cortejo, a procissão insólita: bípedes avançavam a passos lentos, testa baixa, atrás de uma longa cobra fina e escura.

No momento em que eu já não aguentava mais reter o fôlego, olhar, esperar, a cobra se atirou numa moita de giestas que brotava da pedra, atirou-se tão rápido que não sei como...

Uma coluna de serpente

E, então, o que essa cobra de Páscoa tem a nos ensinar? Ela só serpenteava, da esquerda para a direita, da cabeça ao rabo. Serpenteava como todas as serpentes...

Para nós, para o que nos convém saber, basta.

A pele dela parecia volvida pelo mar, raspada, lixada pelo mar, despojada, como um seixo negro, liberada do supérfluo: pelos, patas e pés. Havia, entretanto, no corpo que se mostrava duro e compacto, uma força concentrada em algum lugar.

Onde exatamente? Onde ficava essa força capaz de rastejar, subir, erguer-se, enrolar-se, agarrar, esmagar? Onde fica essa força mágica, diabólica, de um corpo sem patas, sem asas, sem pernas? Onde fica a força que lhe permite lançar-se, jorrar de si próprio, a força súbita que nos surpreende, que nos arrepia muito mais do que deparar com escamas?

Pois bem, aí vai. Essa força, recolhida por dentro, essa força da serpente, encontra-se nas costas. Você já tinha adivinhado, não é?

A força da serpente encontra-se exatamente onde se encontra a nossa.

Como nós, a serpente tem músculos, tem uma longa cadeia muscular que se prende a cada uma das vértebras (muitas vértebras, de 130 a 400).

Não é bruxaria, não. Todo o poder da serpente lhe vem da musculatura dorsal. Só isso. E é só isso mesmo. Musculatura ventral, as serpentes não têm. Assim as coisas ficam bem claras...

Com as serpentes, não há confusão. Não há perigo de se confundir, de atribuir à barriga o papel das costas. Não se pode pensar que as serpentes rastejam e se dobram com os músculos da barriga, já que não os têm, já que só possuem músculos dorsais que se prendem às vértebras e às costelas. E, ao vê-las em movimento, quem vai achar que as serpentes têm costas fracas?

Você deve se indagar por que insisto tanto nessas questões de história natural. A minha intenção, ao insistir assim, é de lhe dar ânimo. É para mostrar do que são capazes os músculos dorsais, para tentar diminuir a sua preocupação com a fraqueza desses seus músculos.

"Ora, mas eu não sou réptil!"

Não, lógico que não. Mas assim mesmo... No fim, quando a espécie humana se ergueu, a Natureza fez uma coisa esquisita. Deu meia-volta, uma reviravolta imprevista. Voltou, em relação a nós, ao seu antigo projeto, aquele que havia experimentado nas costas dos primeiros répteis. Lembra-se? Eles saíam da água, usando por patas as barbatanas, e não acharam nada de melhor, para avançar no chão, do que a força das costas que permitia ondular vigorosamente.

A partir do seu primeiro e grande projeto, sua obra-prima – uma coluna articulada e, para movimentá-la, sólidos pares de músculos ligados de cada lado da coluna –, a Natureza encontrou uma porção de variantes. Para nós, para os homens, foi o projeto dos répteis o escolhido. Não o dos pássaros, que têm o tronco rígido; não o dos quadrúpedes, solidamente apoiados nos quatro membros, não o dos primatas. Não. Para nós, foram os répteis que serviram de modelo.

Provas disso?

Devo confessar que, como não convivo com serpentes, fui pedir informações a uma fonte segura...

Já havia visto, outrora, entre as ruínas onde amadureciam framboesas silvestres, um raio amarelo ou verde passar veloz. Segurei nas mãos anguinhas, esse répteis amedrontados de pele irisada como um cristal antigo, trêmulos de medo. Vi a cobra da Páscoa; não é o bastante, concordo, para uma abordagem precisa da fisiologia réptil.

Fui ao museu de história natural, conheci um cientista de muito talento, um pesquisador que estuda a forma, o movimento das espécies animais. A espécie humana não está excluída das suas pesquisas. Ele acha que não estamos isolados do resto do mundo, e não somos o centro desse mundo. Ele estuda, compara; percorre o espaço, explora o tempo.

Quanto ao espaço, seu lugar preferido é a Amazônia, porque é aí que se encontra um multidão de espécies de répteis. Quanto ao tempo, ele remonta o mais longe possível nas profundezas do passado. Ele examina as marcas dos estegocéfalos, as cabeças com carapaças, que foram os primeiros a andar sobre a terra.

Encontrei esse homem no fundo de um pátio, depois de atravessar um labirinto de pátios, no laboratório da rua Buffon, protegido por aguapés escorrendo água de chuva. Estava debruçado sobre o que me pareceu ser uma pia de cozinha: cuidava de um lagarto adolescente, de espécie rara e preciosa. Quando ergueu a cabeça, admirei-lhe o rosto de maxilar estreito, olhos claros, muito afastados, um jeito... como dizer?, um jeito de ofídio que conhece bem a espécie humana. Será que o estudo interessado, a longa e cotidiana convivência com os répteis...

Ele falou com a facilidade e simplicidade de quem conhece perfeitamente o assunto. As questões, mais densas do que a selva, pareciam, ao ouvi-lo, claras como os troncos esbeltos do pinheiral da minha infância.

As serpentes, aos nossos olhos, são símbolos de flexibilidade, não é? Vejam como elas se torcem, ondulam... Pois bem, igual a essa flexibilidade só existe a sua rigidez. A flexibilidade é inseparável da rigidez, tanto quanto o preto do branco, o dia da noite, a esquerda da direita. A flexibilidade da serpente só existe por causa da rigidez.

Quando as serpentes se locomovem, por ondulações laterais da coluna vertebral, os músculos dorsais se contraem, bloqueiam um segmento de algumas vértebras, e esse segmento bloqueado serve de alavanca para que outros segmentos, mais adiante, mais acima, mais abaixo, se ponham em movimento. O corpo da serpente em movimento é percorrido por rápidas ondas de contração que se formam e se desfazem num instante.

Nós, a raça humana, que pensamos que andamos com as pernas, fazemos o mesmo que a serpente. Aliás, nossas pernas estão incluídas na cadeia dos músculos posteriores que liga a cabeça aos calcanhares e vai até os dedos do pé.

Andamos por ondulações do corpo todo. Evidentemente são discretas, tão discretas que nem chegamos a vê-las. Nossas vértebras giram na dobradiça de nossos diversos segmentos, assim como giram as vértebras de serpente. A nuca flexiona-se para um lado, as costas flexionam-se para o outro, e a bacia se flexiona enquanto o pé se ergue. Nesses movimentos de sucessivas flexões, os músculos ao longo da espinha dorsal e ao longo da face da perna se contraem continuamente.

Se nos deitamos no chão, as sucessivas flexões do corpo ficam ainda mais visíveis. Se inclinamos a cabeça para um lado, o corpo inteiro também se inclina de um lado e do outro, como uma vulgar cobrinha. Se, por exemplo, você inclina a cabeça para a direita, o tórax se distende à esquerda, se afunda à direita, a bacia sobe de um lado, desce do outro, uma perna se ergue por um momento mais curta do que a outra.

O mais hirto dos homens, nuca compacta, bacia de madeira, reage desse modo, reage de alto a baixo, igual ao réptil.

Prova de flexibilidade? Não; prova de rigidez. Se o corpo ondula assim, é para preservar a sua rigidez, para mantê-la no côncavo dos músculos que estão demasiado curtos. Não temos necessidade de pensar para fazer funcionar esses mecanismos de compensação das fibras musculares; pensamos tanto quanto a cobra que serpenteia na areia.

O movimento, o famoso movimento que trabalha "todos os músculos" e que se busca a cada ano, lá pelo mês de junho, antes de sair em férias, não existe. Que alguém reme, rasteje ou nade, os músculos das costas se contraem sempre mais rápido, mais forte, por mais tempo do que os outros, os da frente. Você pode se debater, retorcer-se como uma minhoca, dar todos os sinais de flexibilidade: a rigidez, por trás, está mantida, e bem mantida.

Nossas formas são praticamente perfeitas. Mas somos, como direi?, inacabados. Erguidos nos pés de trás, carregamos uma musculatura que não teve tempo de se adaptar à nova situação. Para tanto, não é preciso grande coisa: basta um pouco de atenção. Não temos, acima dos músculos de organização arcaica, um cérebro "moderno" do qual nos orgulhamos? Por que não tentar usar o cérebro para unir a parte posterior e a parte anterior do nosso corpo, por que não tentar ajudar o corpo a acabar de se colocar sobre os dois pés, em vez de contrariar obstinadamente esse velho projeto humano?

Medos reptis

Você é capaz de me dizer por que temos tanto medo de perder a nossa rigidez? O tempo todo as pessoas têm uns medos esquisitos e recônditos, vindos da noite dos tempos. As serpentes, é evidente, teriam motivos para terem medo de perder a rigidez. Quando não são mais aptas à rigidez, é sinal de que estão mortas... Serpente flácida é serpente morta. E nós? De rigidez, temos o suficiente, mais do que o suficiente.

No fundo, parece que carregamos medos que não são nossos, medos que poderiam ser os das criaturas das eras primárias, medos de réptil, que incorporamos, como ao guardar um segredo de família, quase desconhecido de todos, mas que durante gerações continua a fechar as bocas, a curvar as costas.

Estaremos tão fascinados por nossos longínquos ancestrais, nossos monstros familiares, a ponto de ter medo dos medos deles? Ansiosos e fascinados, como se detivessem um poder formidável, um poder de atração mais forte que o dos astros...

Estamos fascinados como se nossos monstros pudessem nos puxar para o lado deles, nos fazer voltar atrás, nos rebaixar ao solo, nos afundar nas águas, como eles.

O coração, por exemplo. Quanta apreensão com o coração, insuficiente, sedentário. Literalmente abafamos nosso coração nos músculos rígidos, procuramos obrigá-lo a se enrijecer também; exigimos, à força de controle, de sangue-frio, que ele fique quieto, fixo como os traços do rosto; em seguida, fazemos de tudo para que bata, impomos-lhe exercícios, chegamos a sacudi-lo como um relógio com defeito que se quer fazer andar.

O coração é um problema para os répteis. Se eles se preocupassem com alguma coisa, deveria ser com o coração. Sangue frio é o que eles têm, em sentido próprio, e o seu coração tem muita dificuldade para fazer circular os fluidos num corpo tão comprido e musculoso. Aliás, além do coração, eles têm dois outros corações anexos, de cada lado de coluna vertebral, para fazer circular o fluido da sua linfa.

A gravidade... Acusamos facilmente a gravidade de querer nos esmagar. Esse medo é especialmente anacrônico. Sem dúvida a gravidade atrapalhava os primeiros répteis que andavam na terra, podia atrapalhar os primatas obrigados a encontrarem um equilíbrio oblíquo, novo. E nós? Se o nosso corpo se achata, não é por causa da gravidade, somos nós mesmos, com a nossa força, que nos achatamos. A gravidade é nossa aliada. Sob a sua pressão vertical, o corpo reage e tenta se verticalizar. Sob a sua pressão, nosso corpo responde por outra pressão suave, igual, e a gravidade ajuda-nos a aplicar solidamente os dois pés na terra.

Os pés? Pois bem, estranhamente, com o que se refere a nossos pés, nunca nos preocupamos.

Nossos pés, pela forma e estrutura, são, porém, especificamente humanos. Juntamente com o cérebro, é o que temos, do ponto de vista anatômico, de mais humano. Aliás, se não tivéssemos primeiro desenvolvido os pés, o nosso precioso cérebro estaria desenvolvido?

Veja, no entanto, o que fazemos com os pés. Eles são ridicularizados, mutilados, reduzidos a porem em destaque o couro do sapato...

Os primeiros répteis tinham membros, tinham pés. Com o tempo, a Natureza lhes preparou longas formas lisas e despojadas. Puras vértebras e costas musculosas... Será isso que, de modo obscuro, nós queremos?

Cientistas, usando o computador, procuraram recentemente descobrir que espécie animal, se viesse a evoluir, seria capaz de dominar o planeta. Sabe quem ganhou? Um réptil, de estatura média, da estatura de um homem, e andando de pé[1].

Uma vez, em público, lancei umas palavras sobre nossos laços familiares com os répteis. A resposta de alguém que estava no auditório chegou-me dois dias depois pelo correio.

"Senhora, a sua interpretação é prova de obscurantismo medieval. Nossa sociedade levou séculos para se libertar do jugo de superstições de todo tipo. Como tem coragem de ressuscitar a serpente do pecado original que, segundo a senhora, trazemos agora nas costas?..."

É isso mesmo, nas costas! Agora e desde sempre...

Ainda assim, posso entender a indignação de quem me escreveu, ao descobrir a presença da serpente no meio das próprias vértebras...

Há séculos que desejamos que a serpente esteja mais embaixo. Nós a queremos deitada, e até esmagada sob nossos pés. Nunca dei-

1. Gene Btylinsky, *La vie dans l'univers de Darwin*, Paris, Laffont, 1983.

xou de nos perturbar; sempre procuramos destruí-la por meio de heróis ou santos, armados e vingadores.

Na capela do internato, aos seis anos, tive muito tempo para contemplar algumas cenas desse combate glorioso.

Nessa época, sentia uma saudade imensa da terra que me fazia tanta falta. Saudade é pouco. Eu estava desesperada, achava que ela tinha desaparecido para sempre.

"Ele está com medo de que a terra lhe falte", dizia-se na montanha, para caçoar de quem vivia imaginando tragédias. E essa coisa incrível, essa coisa que não pode acontecer, estava acontecendo. A terra, quente e suave sob os pés, a terra que nunca falta, estava me faltando.

O mundo, de agora em diante, era coberto de ladrilhos, branco e preto; o mundo era um imenso tabuleiro que cheirava a desinfetante, um chão fúnebre, estéril de todo.

Eu andava por ele todos os dias da semana, vestida com roupa de domingo. Todos os passos ressoavam nas lajes, os meus também. Eu não tinha mais coragem de me mexer, não ousava nem levantar os olhos. Exceto na capela.

Na capela, as paredes eram férteis. Ali cresciam flores, cercaduras, ramalhetes, figuras de gente e de animais. Todas inanimadas, todas falsas, mas suavemente coloridas.

O leão alado, a água evangélica eram coisa ao lado da pelugem, penas, focinhos, hálitos, dos ventres vivos, cheirosos, quentes, queridos, que ficaram lá longe, na terra. Mesmo assim, eram melhor do que nada.

Eu sentia um interesse muito grande pela enorme serpente que se torcia na parede à esquerda; bem defronte, na parede à direita, um dragão eriçava a espinha dorsal. Tinham sido assim feitos em estátua por um artista cujo nome jamais saberei.

A serpente coberta de escamas do tamanho de folhas de macieira avançava o focinho para os bancos da capela e sorria com um ar travesso. O seu corpo desenhava um grande oito, a ponta da cauda passando sob o queixo, como um gato qualquer. O outro, o dragão mostrava com ar bonachão o interior da boca pintada de vermelho; dava para ver que ele estava sem um dente da frente, como eu. Talvez o tivessem quebrado numa das faxinas de segunda-feira.

"Quem é?, criei coragem para perguntar.

– O Mal –, sussurrou irmã Bernadette; acrescentou, olhando para a frente: – São monstros."

Os monstros carregavam às costas uma personagem que se mantinha de pé, ereta, sem naturalidade. As personagens também tinham escamas no peito, nos cotovelos, nos joelhos, mas eu sabia que era uma armadura. Quem eram?

"São Jorge e São Miguel."

Na verdade, esses dois não me diziam nada. Erguiam para as abóbadas de gesso os olhos brancos. Como conseguiam, com aqueles pezinhos em forma de lesma, ficar de pé nas espinhas tortuosas da montaria? Eu ficava me indagando.

Na mão, um tinha uma espada, o outro, uma lança dourada. Eles espetavam um pedaço nas costas dos monstros, distraidamente, como quem espeta algo no prato. Nem se davam ao trabalho de olhar para baixo e ver o que estavam fazendo. E o que faziam eles, exatamente?

"Matam os monstros."

Os dois santos militares não me convenciam.

Certamente vocês também já encontraram os santos e os monstros – os monstros sobretudo – no fundo de uma igreja, num museu, num velho prédio de esquina, nas páginas de um livro. Existem em milhões de representações, sob uma ou outra forma.

Os monstros serpentiformes estão até lá onde nunca se viu a ponta da cauda de um réptil. Estão presentes nas geleiras do Polo onde parece que os esquimós sonham com serpentes sem nunca terem visto uma. Em todo o planeta eles aparecem, um dia ou outro, nos sonhos e pesadelos dos homens.

É porque os monstros são imperecíveis. Mudam de pele, mas não morrem. Ao mudar de pele, renascem incessantemente, mais fortes do que nunca. Se uma cabeça é cortada, cem cabeças aparecem no seu lugar. São invencíveis, os monstros, pelas mudas, pelas mutações, pelas multiplicações.

Com efeito, ao contrário do que sempre se disse, São Jorge, São Miguel e os outros nunca os conseguiram matar. Ulisses, Hércules, todos os heróis da Antiguidade, todos os santos da cristandade, nunca conseguiram... Todos os heróis de cinema que, atualmente, matam monstros teleguiados nos filmes de terror fracassaram.

"A aurora dissolve os monstros", dizia Eluard...

Os monstros, que se dissolvem com a aurora, renascem no crepúsculo. Renascem nos nossos miolos. No corpo, não têm necessidade de renascer, já estão nele; fazem parte de nós tanto quanto o oxigênio, o azoto, o carbono de que somos compostos.

Já que eles estão no corpo, por que não lhes deixar um lugar na nossa cabeça? Um outro lugar, menos obscuro e mais tranquilo? Se ao menos conseguíssemos olhar para eles! Bastava uma olhada rápida e de lado. Mas com um outro olhar, sem medo.

O horror que instantaneamente fazem nascer em nós é universal... Não, engano meu; na China, por exemplo, serpentes e dragões são respeitados, apreciados. Mas na China, todos sabemos, sempre houve o culto dos antepassados.

E se, em vez do horror que temos, pudéssemos tentar outra coisa? Se pudéssemos cativar nossos monstros? Cativar é criar laços, dizia a raposa ao famoso pequeno príncipe. Nossos laços, que já existem, nem precisam ser criados; só temos que admiti-los.

Sabe que todos nós, num momento da vida, tomamos forma de "monstro"? Monstro miniatura, mas, de qualquer jeito, monstro... Não é muito conhecido porque a coisa se passa no recôndito do útero materno, fora dos olhos de todos. Exceto, é claro, dos olhos da ciência.

No século passado, os cientistas se interessaram por esse estranho fato. Cada indivíduo, no decurso de sua evolução no útero materno, parece reviver as fases de evolução de sua espécie. Em alguns meses, brevemente, fazemos um rápido resumo do percurso que durou milhões de anos. Fazemos questão de retomar, conscienciosamente, em ordem cronológica, a forma de nossos velhos ancestrais.

Primeiro, tudo se passa no elemento de origem. O líquido amniótico, no qual todos estivemos imersos enquanto embrião, não é o oceano, mas lhe é parecido. Não apenas simbolicamente, mas também quimicamente.

A grande separação do mar se deu há 275 milhões de anos, segundo os entendidos. Nossos antepassados deixaram o mar para nunca mais voltar... No fundo, nunca saíram dele. Nunca completamente. Eles conseguiram um truque muito inteligente, um passe de mágica formidável. Apesar de viverem desde então na terra, conseguiram manter com eles, numa secreção em torno do corpo, o líquido precioso do oceano. Não o tempo todo, é claro, apenas o tempo necessário para dar abrigo ao organismo frágil do embrião. Sabe quem conseguiu, em primeiro lugar, executar essa proeza? Foi a espécie dos répteis.

Aliás, hoje, o ovo humano e o ovo réptil se parecem de modo inacreditável, pela composição do líquido amniótico.

Nas primeiras semanas de vida, em nosso minioceano pessoal, tomamos a forma modesta de um anelídeo, feito de seguimentos justapostos, como os primeiros vermes marinhos.

Desde a quarta semana, nossas mandíbulas se esboçam. Mas não no lugar esperado; elas surgem no ventre, na frente, numa saliência, parecida com as brânquias dos peixes, que se chama branquial. Surgem no lugar exato em que as primeiras mandíbulas do mundo apareceram, no ventre dos primeiros peixes cuja mandíbula escancarada dragava o fundo dos oceanos.

Esses peixes foram os primeiros possuidores de coluna vertebral. E nossa coluna, bem como os músculos dessa coluna, se esboçam. Nossos membros provêm diretamente dessa coluna, como massa de modelagem que se estica e molda. Eles "brotam", por assim dizer, da coluna.

Aos cinco meses, sempre no interior do ovo, já viajamos muito. Já atravessamos centenas de milênios. Somos bem parecidos com o que seremos... Excetuando esta estranha penugem que nos cobre inteiramente a pele e que nos torna mais peludos do que macacos. Essa penugem, a "lanugem", cai rapidamente. Estamos prontos. Aparecemos, enfim.

Lá está a família, em torno do bercinho; ela se debruça, encantada. Apropria-se, ternamente, desse pequeno ser tão frágil, tão belo, tão comovente. Faz a partilha:

"A boca é da mãe. Mas a testa, não. A testa é igualzinha à do pai. E os olhos..."

A família não sabe que tem diante dos olhos um pequeno peregrino que vem de muito longe, que sabe muita coisa.

O rosto do caos

Um dia, conta uma velha lenda chinesa, o Caos quis fazer parte da sociedade humana. Seu desejo seria atendido, foi-lhe assegurado, com uma condição. Todos os dias, durante sete dias, ele deveria abrir um buraco no rosto. Aceitou. Dois de seus amigos se encarregaram da operação. No sétimo dia, o Caos estava morto[2].

No lugar do Caos sem rosto, de face cega, que acabava de morrer, um ser humano havia nascido. A prova da humanidade desse ser eram os sete buracos dos olhos, nariz, ouvidos e boca.

Protegidos do vazio, da confusão, quer dizer, do caos, protegidos do isolamento, estamos, graças a essas aberturas, em contínua relação com o mundo que nos cerca. O mundo nos entra pelos

2. M. Granet, *La pensée chinoise*, Paris, Albin Michel.

olhos, pelos ouvidos, pelo nariz. Pela boca, nós o devoramos. Ele nos atravessa de uma ponta a outra. E, quando não o devoramos, o que fazemos do mundo que entra por esses buracos?

O nariz, por exemplo. Quando você diz que tem alguém "no nariz"*, é verdade, em sentido próprio. Finas partículas saem do corpo daquele que você "tem no nariz". Essas partículas odorantes, que flutuam no ar, depositam-se em suas mucosas, dentro do nariz. Você acaba de inalar alguém que você não ama.

Suas células nervosas vão logo apalpar as moléculas do inimigo; toda uma rede de células especializadas registram imediatamente a memória odorante dessas moléculas e a conduzem para um território especial do seu cérebro onde ela ficará bem guardada.

Se se trata de um amigo, o processo é o mesmo. Se se trata de alguém que lhe faz bater o coração, derreter de amor, é sempre o mesmo. Se se trata de uma rosa, de uma folha, de um excremento, é ainda o mesmo processo. Tudo, ou quase tudo, possui um odor. De todos os corpos se destacam fragmentos invisíveis que respiramos. Esses fragmentos, para serem percebidos como odorantes, só têm necessidade de serem solúveis em água. Uma velha lembrança da vida aquática de outrora...

Desde sempre, desde o nosso primeiro dia, guardamos na memória de nosso cérebro os sinais indestrutíveis de tudo o que se passa ao alcance do nariz. Nossos arquivos são fabulosos.

Porém, ignoramos até o caminho que leva ao tesouro. Ele jaz embaixo, nas bases de nosso cérebro primitivo.

"O estudo do rinencéfalo humano constitui o capítulo mais complicado, mais denso. É de admirar a riqueza das fibras de associação, das fibras comissurais e das fibras de função reflexa que parecem lhe pertencer, ao passo que as áreas corticais de projeção,

* "*Avoir quelqu'un dans le nez*", "*ne pas pouvoir le sentir*" são expresões francesas que significam "detestar alguém". (N. T.)

graças às quais os odores se abrem à consciência, são de fraca extensão e manifestamente em via de desaparecimento..."[3]

Há, em nosso cérebro primitivo, um vasto território, uma rede bem fechada de fibras nervosas que concernem ao nosso olfato. Porém, mais acima, no nosso córtex "moderno", o olfato não tem o devido lugar. Seu território é minúsculo. As vias nervosas que nos dariam acesso à riqueza da memória olfativa estão sem cultivo, desaparecem, vão sem dúvida desaparecer...

É assim... O mundo não está cheio de tesouros enterrados, desaparecidos para sempre?

Nem existe palavra, na linguagem corrente, para designar o mal daquele que não sente o cheiro. Se você não ouve, é surdo; se não enxerga, é cego. Se não sente cheiro, o que você é? "Anósmico", palavra fabricada recentemente, é reservada aos médicos e aos amantes de palavras cruzadas.

No começo, sim, havia o olfato. É um sentido da infância. A infância do planeta e a nossa. As enguias, os salmões, que ficaram na água, orientam-se prodigiosamente e viajam guiados pelo olfato. Também nós, ao nascer, nos orientamos assim. O olfato coordena os movimentos do corpo e nos empurra a boca para o seio da mãe, para a vida.

Na minha infância... Às vezes tenho a impressão de ser a sobrevivente de uma longínqua e arcaica tribo... O outono cheirava forte, cheirava a estábulo fechado, a leite coalhado, a ervas queimadas, a couro molhado das correias. Cheiros fortes se infiltravam em todas as reentrâncias do corpo. Volteavam em torno das saias de minha avó, como uma escolta de moscas invisíveis, diligentes, fiéis.

Pelo olfato, a criança reconhece as pessoas da família, e o olfato permanece vivo durante algum tempo, mais ou menos uns dez anos. Após esse período, o olfato deve ceder o lugar ao mais reconhecido dos nossos sentidos, a visão...

---

3. Delmas, *Physiologie nerveuse*, Paris, Masson. A obra data de 1949 e, desde então, o estudo da fisiologia nervosa evoluiu muito. O "Delmas" foi várias vezes atualizado e reeditado, mas, ao que se saiba, estas linhas permanecem atuais.

6
O TEMPO DE UM OLHAR

Este homem é meu avô... Ele se levanta com o sol e anda de tamancos pelo prado. De tamancos é difícil andar como ele. Tentei muitas vezes.

No declive, ele segue direto, sem hesitar, sem se inclinar, sem diminuir o passo. Na mão, traz um bastão comprido. O mato deitado, carregado de orvalho, ergue-se quando ele passa, como um animal dócil.

Meu avô é cego. Sempre o conheci assim.

O sol começa a apontar entre dois cumes, estica os seus raios, recorta nítido no alto da pradaria uma forma clara e pontuda. Fora desse espaço cálido, cujas beiras parecem talhadas pela enxada, a sombra ainda se mantém, bem como o frescor da madrugada.

Meu avô está de pé na linha divisória, está de pé justamente na fronteira entre sombra e sol. Com o corpo bem ereto, desce até o vale. Servem-lhe de ponto de referência e de guia o calor do sol sobre a face, o ar fresco da sombra sobre o ombro.

Germain, meu avô, não está sozinho no amanhecer dos prados. A meninada do vilarejo – somos quatro – o espera atrás dos pinheiros, à sombra. Nós preferimos a sombra ao sol.

Não somos muitos neste vilarejo tão pobre, esvaziado de habitantes em idade de ter filhos. Estamos vestidos como adultos, com as roupas dos ausentes, remendadas e encurtadas para o nosso tamanho. A menor sou eu.

Quando o seu tamanco de madeira bate na pedra, ele para. Essa pedra é dele. Larga e achatada como a mó de farinha, brilha ao sol.

Ele dobra os joelhos, passa um dedo carinhoso pela pedra, senta-se nela, vira para o nascente, fica imóvel. Parece um São João de santinho.

O rosto ainda jovem é burilado, curtido, pois ele passa todos os dias do verão nessa pedra. A pele muito clara do peito aparece pela abertura da camisa quando ele se debruça para pousar o bastão na relva. O bastão é um galho de freixo com a casca. É pesado e brilhoso. Um bom cajado.

Meu avô estica sobre os joelhos as mãos esguias, os dedos finos de unhas compridas. Na aldeia dizem:

"Têm que ser finos, pois nunca fez nada com os dedos."

Vamos nos aproximando dele. As agulhas dos pinheiros e o musgo abafam nossos passos. Fazemos sinais entre nós para ficarmos em silêncio. Sem uma palavra, postamo-nos diante dele.

Imediatamente, ele é quem começa a falar. Numa voz baixa, áspera, principia uma história de gigantes, de diabos, de criaturas que nunca se viram neste lugar. Onde afinal ele viu tudo isso? Enquanto fala, olha ao longe, além de nós, alguma coisa...

Voltamos as costas. O céu está vazio.

Meu avô tem olhos bem abertos e fala. Acho que ele falaria mesmo que ali não estivesse ninguém. De fato, não viemos para escutar, viemos para olhar. Os outros garotos fazem pouco das suas histórias sem pé nem cabeça. Eu... eu não tenho coragem de dizer que gosto.

Avançamos o pescoço para ver melhor os olhos dele. Só vemos azul. Azul e, no centro da íris, um ponto opaco.

Ele continua a falar, continua a olhar para o invisível.

Os garotos começam a se cutucar com o cotovelo; já chega de invisível. Não dá para aguentar mais o invisível.

Um deles se abaixa, pega o bastão de freixo, o bastão do meu avô. Vai se aproximando, apontando firme...

E eu, a neta, não aviso: "Meu avô! cuidado!". Não digo nada. Prendo a respiração. Escuto a batida do meu coração. Bate com tanta força que só escuto isso. Já não distingo a montanha que ficou embaçada, liquefeita, entre minhas pestanas. Como um cabrito no matadouro, minhas pernas começam a tremer.

"Olhe. Ele está rindo..."

Tento olhar. Vejo que meu avô não mexe as pálpebras. De cabeça erguida, conta como o gigante Tásio, uma noite, carregou nos braços a Rocha Negra...

Seus olhos? Duas flores. Somente duas flores muito azuis que obedecem ao sol: abertas de dia, fechadas de noite.

O menino que apontava o bastão finalmente o abaixa.

Ficamos calados. Não temos coragem de nos olhar. Então, ser cego é isso?

Passa-se um bom tempo antes que alguém abra a boca:

"Você viu? Ele riu..."

Se ele ria, podíamos respirar, podíamos ficar aliviados, sossegados, perdoados. Mas a gente nunca está segura. Não se sabe o que paira nos lábios, um riso silencioso, um sorriso, o contrário de um sorriso...

A gente não consegue ver.

Amanhã os garotos vão voltar e começar tudo de novo. Nada vai impedi-los de sair de trás dos pinheiros, de ir na direção de Germain. Um deles vai pegar uma ponta do bastão, vai fazer o gesto, sempre o mesmo gesto de ameaça, vai insistir, só "para ver"...

E eu também vou estar lá. Tenho que estar lá, olhando para eles. Muda.

Tocar com os olhos

"A gente toca com os olhos, Eric, só com os olhos..."

Eric tem três anos. Docilmente ele põe a mãozinha, gorducha como um bolinho, no bolso da calça. Ergue os grandes olhos negros para a vitrine de doces e diz:

"Aquele", educadamente, já como um adulto.

Frases banais, cena banal, crueldade banal da educação indispensável. Sem drama. Todos nós, mais cedo ou mais tarde, passamos por isso. Quanto mais cedo melhor, parece.

O nariz achatado contra o vidro, a mão no bolso, a voz na garganta, o que nos resta? Os olhos para tocar.

Aparentemente isolados por trás de nosso vidro invisível e transparente, tocamos com os olhos o vasto mundo. Tocamos e retocamos. Com os olhos tudo é permitido, não? Por que nos queixarmos? Não é o modo mais higiênico, mais prático, mais correto? Pessoalmente, não há o que dizer, tem que ser assim.

É indolor. Com o tempo, os cotovelos se acostumam a ficar colados ao corpo, e todos os sentidos, com exceção da visão, ficam entorpecidos.

Não fui eu que inventei. Os manuais de fisiologia afirmam: "80 por cento de nossas percepções sensoriais são percepções visuais". De todas as nossas sensações, 80% são visuais. Maioria esmagadora. E é só.

Nossas sensações *tornaram-se* visuais, não foram sempre assim, é verdade. O olfato, a audição, o tato já foram capazes de mais sutileza, de mais vivacidade, é verdade.

Mas por que alimentar a nostalgia do que poderíamos viver e não estamos vivendo?

Nossos ouvidos fecharam-se, a voz ficou abafada. A pele, o nariz, todos os órgãos dos sentidos foram obrigados a fazer a partilha dos 20% de percepções sensoriais que sobraram? Seja.

Vamos admitir, em último caso, o que tem que ser considerado como uma conquista educativa e social. Que tormento não seria se dispuséssemos de toda a exuberância, de todo o vigor dos nossos sentidos e, ao mesmo tempo, a proibição permanente de nos servirmos deles!...

Voltemos, pois, à realidade. Gozamos do sentido da visão, não é?... Bem, vamos ver...

No tempo em que eu fazia o curso de cinesioterapia, durante os estágios exigidos no setor de cirurgia, ouvia sempre os especialistas repetirem: "Se lhe falta uma perna, são os braços que devem tornar-se atléticos".

Será que a vista é o "atleta" que, sozinho, compensa a falta de nossos sentidos desvanecidos? Será que "musculamos" a vista para suprir as insuficiências dos outros sentidos?

"Sensacional!", informa Edmond, que acaba de se inscrever em um dos meus grupos. "Um perneta conseguiu 2,02 m no salto de vara!"

"Conheço uma mulher completamente paralítica", emenda Lucie, "que é enfermeira. Essa mulher só pode mexer um dedo do pé, mas vale a pena ver como ela faz andar as sessões do hospital!"

Ambos falam com um sorriso, olhos cheios de animação. Claro, eu também admiro os que desafiam o destino. Como deixar de admirá-los?

No entanto, algo me incomoda no entusiasmo dos meus dois alunos. Edmond anda com uma perna só; a questão é que ele tem duas. As retrações musculares da sua perna direita fazem com que ele quase não se apoie nela. Quanto à Lucie, executa as tarefas mais duras sem conseguir virar a cabeça. Com a nuca desesperadamente rígida, ela agita dia após dia os braços por cima de um oceano de travesseiros e lençóis no hospital, como um náufrago que tenta manter a cabeça fora da água durante a heroica operação de sobreviver.

Qual o significado do entusiasmo que manifestamos ruidosamente pelas proezas daqueles que não têm mais opção? Será uma homenagem que prestamos a nós mesmos?

"Veja! Mesmo sem o uso do meu pescoço, eu consigo... Sem o uso da minha perna, sem o meu braço, apesar de ter perdido o olfato, de ter perdido o ouvido, eu consigo..."

Na nossa admiração pelos estropiados heroicos, será que há a satisfação secreta de termos o que lhes falta?

"Uma perna dura é bem diferente de uma perna amputada!"

Nossa admiração conterá um desejo secreto de conservar, de exaltar as nossas zonas mortas, os músculos rígidos? É melhor ter uma perna dura do que não ter perna. É um consolo. Mas que tal uma perna flexível em lugar da perna dura? Isso nem se cogita...

E cinco sentidos bem espertos, em lugar de um só? Que pergunta!

O desaparecimento dos sentidos, aliás, não se percebe. Nossos órgãos sensoriais, embora insensíveis, continuam evidentemente no lugar, visíveis ao nosso olhar e, sobretudo, ao olhar dos outros. É verdade que estão anestesiados, mas não amputados.

Uma perna amputada, infelizmente... Pode acontecer que uma perna amputada lhe cause dor, faça sofrer como se ainda fizesse parte do corpo. De sentidos fantasmas que atormentam o corpo com dores lancinantes e com lamentações não, não há perigo.

No seu *Diário*, Colette conta a desdita de uma menina desfigurada pelos óculos, que não sabe mais correr nem andar. "Aceitamos que nosso filho tenha pernas menos rápidas, mãos menos habilidosas, olfato e ouvido menos apurados que o de outras crianças; por que a inferioridade visual mobiliza médicos especialistas e prega, num rosto novo, uma armação à qual nenhuma beleza resiste?"

É que a vista é o que nos resta, a 80%. A vista, em suma, é o homem.

Passada a primeira infância, é preciso que os outros sentidos se apaguem para abrir passagem ao sentido da visão, de preferência uma vista atlética. As mães não desejam que, por sua culpa, o filho seja inadaptado à sociedade. Qual mãe se sentiria feliz se a vista do filho fosse fraca e o faro fosse o do animal?

Se a vista enfraquece, se ela falha, ficamos tão desamparados quanto um pássaro sem asas, um peixe sem barbatanas, um molusco sem concha. Não é por acaso que a indústria ótica atinge atualmente um alto grau de precisão. Dispomos de aparelhagem aperfeiçoada para reforçar a vista deficiente. Já se pensou num arsenal semelhante para suprir as insuficiências do olfato?

Aliás, as próteses destinadas à vista são, para a maioria das pessoas, as únicas admissíveis. Para alguns, são o meio mais seguro, o único meio, de variar a expressão do rosto. Entretanto, a acuidade da vista, sob as lentes invariavelmente corretoras, varia de acordo com as horas do dia, com as emoções, com o cansaço da jornada...

Além das próteses de costume, existem aparelhos de alcance, de precisão, maravilhosos para observar a Lua, os planetas, as galáxias, mas não só isso. Pode-se observar o interior do corpo humano, seus recantos, excrescências, becos, micróbios, vírus... É inútil tentar enumerar o que se pode, por meio do aparelho, tocar com os olhos. Pode-se tocar com os olhos quase tudo o que há no universo. Nossa vista é telescópica, eletrônica, macroscópica, atlética.

Mas o X é que a vista despojada, isto é, a vista a olho nu, não aguenta mais. Ela está exausta. Trabalha por quatro... e até por cinco. Em vez de funcionar proporcionalmente como um dos cinco sentidos, ela assume as responsabilidades, o fardo dos outros quatro. Ela não faz 20% da tarefa. Faz praticamente 100%.

Vedete dos cinco sentidos, ela assume sozinha a responsabilidade do espetáculo corporal. Empresta vida aos outros que se tornam, por conseguinte, figurantes, utilidades sem uso essencial, sensorial.

Por que isolar, do resto do corpo, os olhos?

Você deve estar se perguntando por que uma terapeuta dos músculos não se atém aos músculos, por que falo tanto da vista? É porque, para mexer os músculos, e mexer sem prejudicar, precisamos da vista.

Não digo que seja necessária uma visão excepcional, absolutamente sem falhas. Às vezes um cego pode andar com mais elegância do que muita gente que enxerga bem... Mais grave do que olhos que não veem são olhos que pensam que veem e se enganam, olhos que entram em todos os ardis, em todas as ciladas que lhes são preparados. Não me refiro aos defeitos de visão oficialmente consagrados: miopia, astigmatismo, presbiopia e o resto...

Ou melhor, vamos falar deles, sim. Esses defeitos, por que têm de ser consequência inevitável da hereditariedade, da idade? Por que não seriam a expressão escolhida por nosso corpo para manifestar determinadas dificuldades? Podemos, infelizmente, bloquear nossa respiração, bloquear a nuca, bloquear as costas. Por que os olhos seriam de natureza diversa do resto do corpo? Por que não poderíamos bloquear também os olhos? Por que considerar os olhos de forma isolada do resto do corpo?

Lembram-se do Vincent? Vincent cansado de tanto erguer barragens através do próprio corpo. Pois aconteceu algo com Vincent...

Não é mais o mesmo, ele mudou. Balança os braços, até o corredor parece que ficou estreito para ele. Agora há pouco, ao se despedir, voltou-se da porta de entrada e deu um sorriso tão radioso que o guardei na memória para os dias sombrios, dias em que tratar é um desafio...

Os óculos de Vincent estão encalhados aqui no tapete. Ele os esqueceu. Apanho os óculos, ele me olham, esverdeados, através de grossa armação de tartaruga.

Será que Vincent vai vir buscar o que ele chamava de seus "olhos", ou vai deixá-los aqui, como se abandona, num canto de igreja, o ex-voto de um par de muletas?

"A coisa não melhorou", resmungara ele ao entrar na sala. "Até piorou... Tenho dor nos olhos desde a *sua* última sessão..."

Olhei para o rosto dele anulado pelos óculos grossos, para a cabeça enterrada nos ombros. Dobrou com infinito cuidado cada peça de roupa e colocou-as no dorso da cadeira, estendeu com muita precaução o corpo no chão, cerrou os punhos. Ficou aguardando. Eu olhei para ele, que aguardava.

Pedi que tirasse os óculos. Respondeu:

"Não posso, sou míope, a senhora já sabe disso."

Finalmente, depois que tirou os óculos, a diferença não foi grande: mesmo sem eles, os olhos imóveis pareciam de vidro. Só as pálpebras, vermelhas, um pouco inchadas, pareciam vivas. Perguntei-lhe se havia chorado.

"Chorado? Eu não choro há trinta e sete anos."

— Por que trinta e sete?

— É a minha idade.

Calou-se e pôs-se à espera. E eu, mais uma vez, esperei também.

Em vez de colocar minhas mãos sobre a sua nuca, seus ombros ou seus pés, como costumo fazer, fiquei sentada um pouco atrás dele, em silêncio.

Deixei-o sozinho. Na sua cueca marca *Eminence*. Com toda a pele esbranquiçada exposta ao ar. Ele não se mexeu. Eu continuei em silêncio.

Quando as pálpebras começaram a piscar, vi que o olhar mudou. Para ver isso, tive que olhar bastante, como quando se olha para águas mortas onde não se sabe se o que está se movendo é um animal, ou uma corrente de fundo, ou ainda um simples reflexo na superfície. O olhar dele começou a vagar; deu uma volta no teto, procurando uma saída. Surgiu uma expressão ao mesmo tempo estranha e muito familiar. Estranha porque anacrônica: nos olhos de um homem de trinta e sete anos, eu via a aflição, o desamparo de um menino.

Vincent poderia ter dito:

"E, então, a sessão? O que está fazendo aí atrás?"

Mas não disse.

Poderia ter-se levantado, vestido a roupa com raiva. Não fez isso. Continuou deitado de costas, vulnerável como um recém-nascido sem o uso das pernas, sem o uso da palavra, carente de atenção, carente de amor.

Se você estranhar por ter ele ficado assim, deitado de costas, é porque se esqueceu de como, desde o início de uma vida, a angústia permanece intacta, pesada, entorpecente.

E eu que sei, porque a encontrei muitas vezes ao meu redor e, antes de tudo, em mim mesma, sempre me espanto quando a vejo despontar detrás das máscaras, das fachadas, aparentemente impenetráveis.

Quer saber como Vincent conseguiu mover as toneladas de água salgada, gelada, que estavam no fundo dos seus olhos? Pois vou lhe dizer: ergueu os olhos até o teto, abaixou-os até a ponta do nariz!

Explico melhor: sempre sentada atrás dele, rompi enfim o silêncio. Pedi que fizesse um movimento de criança, de recém-nascido, um movimento bem simples, que não exige muita força muscular. Levantar os olhos até o teto, abaixá-los até a ponta do nariz. E ir repetindo.

Para uso do adulto, é preciso fazer a transposição desse movimento do bebê, que consiste exatamente no seguinte: preso pela boca ao seio que o alimenta, ele olha o rosto da mãe e depois o seio da mãe. E em seguida recomeça. Rosto. Seio. E recomeça. Um vaivém contínuo. Durante toda a amamentação, os olhos do bebê vão e vêm, alto e baixo, longe e perto.

Esse movimento, bem conhecido dos especialistas de crianças, você mesmo pode observá-lo, se tiver um bebê por perto. Há muito tempo você também fez esse movimento. Você o fez mesmo se o rosto acima do seu não era o rosto materno, mas sim um substituto, mesmo se o seio não passava de uma mamadeira. Esse movimento você fez, garanto-lhe, mesmo se hoje não tem a mínima lembrança dele.

Esse movimento de cima para baixo, do rosto para o seio, garanto que você não o esqueceu. Ele ficou inscrito nos músculos e tecidos dos olhos, nas células dos nervos, gravado no cérebro.

Não se apagou da sua memória, esse movimento. Ele aí está fixado, entre sólidos parênteses. Não adianta mexer. Os músculos dos olhos, retina, cristalino, por nada deste mundo aceitariam fazer o caminho de outrora, longe e perto, alto e baixo. Por nada deste mundo eles se arriscariam a despertar o que antes causou tanta dor...

Por que dor? Por que falar de dor a respeito de uma cena idílica, o filho e a mãe, uma criança ao seio? É que a cena não é exatamente o que se imagina. Os olhos nos olhos, ambos, mãe e filho, se dizem, sem palavras, muita coisa; e coisas que, por todos os motivos, nem sempre são amenas.

Às vezes, ela está assustada, ainda não estava preparada, preparada para esse filho. Às vezes, o filho não era o que ela esperava, o que ela imaginava... E o filho sabe... Compreende imediatamente. Antes da primeira olhada, compreende tudo. Sua angústia é absoluta.

Às vezes, o rancor se acumula nos olhares trocados entre ela e ele. Sim, acontece. Não saberiam dizer, nem um nem o outro, o que acontece, mas é assim.

Às vezes, ao contrário, durante meses seguido a cena é de fato idílica... E o idílio termina. Um dia, o filho tem que fazer a diferença entre o meu e o seu. "O seu corpo não é meu. Vou ficar com o meu seio, você fica com a sua boca..."

A criança está desmamada. Separada, dilacerada.

Quando Vincent começou a fazer, sem saber o que fazia, o movimento proibido, não estava imaginando a continuação.

Quando sentiu que não conseguia mais erguer as pálpebras, quando as pálpebras começaram a pesar toneladas sobre os olhos, ele quis parar, dormir, fugir. Mas já era tarde demais.

Os ombros já estavam tremendo, os braços, barriga, coxas, o corpo inteiro tremia.

"São os nervos", tentou articular entre os dentes. Mas a sua voz de adulto, com palavras razoáveis, não podia atingir-lhe o corpo. O corpo estava viajando longe, no passado.

Olhei sem dizer uma palavra os soluços que lhe sacudiam a barriga e apertavam a garganta. Vi quando eles arrebentaram na sua boca que se escancarou com o choque. Olhei sem dizer uma palavra a saliva, o ranho, as lágrimas que lhe molhavam o rosto.

Deixei-o só. Só como outrora.

Olhei a respiração mudar de repente. Vi as costelas que se erguiam e se abaixavam, que se erguiam num movimento que ele não podia mais, que não queria mais deter; um bem-estar visível, uma paz extraordinária lhe entravam no corpo junto com esse movimento.

Ao me aproximar, Vincent olhou-me como se nunca me houvesse visto:

"Sabe há quanto tempo estou deitado aqui nesta sala?"

Disse que fazia quarenta minutos.

"Só isso? Para mim, parece que são quarenta anos. É como se revisse todo o filme da minha vida no momento de um perigo mortal. O filme, acabo de ver, mas o perigo não estava no fim, estava no início.

— Que perigo?

— Ainda não sei. Acabo apenas de sentir o medo paralisante que eu tinha. E agora sinto um calor formidável no rosto, e uma energia no corpo que nunca havia experimentado antes."

Preocupado, perguntou se a força que sentia iria abandoná-lo. Respondi que não, que eu achava que não.

Anna

Vivemos dizendo "vejo, vejo...". Vemos o quê? A gravidade da situação, a solução do conflito, as flutuações da moeda... Dizemos "vejo", mas sem ver. Quando queremos, para valer, olhar o lado concreto das coisas, sua forma, seu contorno, seu volume, o que vemos? A outra visão, à qual estamos tão habituados, a visão em palavras, letras, números, símbolos vem sempre atrapalhar nossa vista, vem reduzir, achatar o que estamos olhando.

E quando é o próprio corpo que estamos querendo ver?

"O olho se acostuma", dizem para justificar o desconforto, a feiura exagerada de uma roupa, de um par de calçados. E o que acontece? Acontece que o olho se acostuma. E quando ele se acostuma, nosso corpo foi logrado. "Eu? Sinto-me muito bem, muito à vontade nela", dizemos, amarrados na nossa embalagem. Quando a vista, líder dos outros sentidos, se engana, ficamos sem recurso. Todos os sentidos são enganados.

Talvez ainda seja a velha história. Quando a boca se desprendeu do seio dela, e os olhos se desprenderam dos olhos dela. E o filho se desprendeu completamente, como uma fruta madura que acaba de cair. Mas para ele é cedo demais, ele não é uma fruta, e não está maduro. Para sobreviver, ele precisa imediatamente prender-se de novo. É o que faz. Prende-se mais adiante. Pelos olhos. Prende os olhos sobre a própria imagem, no espelho.

Especialistas contam como as coisas se passam e como esse momento do espelho é capital, vital. Desmamada, é pela primeira vez que a criança se vê, se reconhece e se sorri ao espelho.

Um pouco antes, ela ainda não sabia muito bem o que era, lábios, dedos, uma ponta de seio. Confundia, faltavam-lhe pedaços inteiros para fazer um ser humano.

Agora, sabe. Antes de poder andar, antes de poder falar, raciocinar, ela se identifica, dizem. Encontra o seu lugar entre seus semelhantes. Ela é semelhante, ela é diferente... Sabe que é um ser humano completo, inteiro...

Inteiro? Resta ver. Dentro da moldura do espelho, o que a criança viu?

O que vimos, nesse instante decisivo, no espelho? Nossas nádegas? As costas? Nós sorrimos nesse espelho, os especialistas garantem. Para o que sorrimos? Para os pés? Para os joelhos? Lógico que não; sorrimos para o nosso rosto, que estávamos reconhecendo. Um rosto é o bastante para entrar no quadro familiar, no quadro social.

Mas será que bastará para reconhecer-se depois, se faltam as costas, a nuca, as nádegas, as pernas e os pés, a parte de trás, os lados, a profundidade do corpo? Isto é, quando falta tudo o que ficava fora da moldura do espelho fatal. Fatal e capital.

Anna tem trinta anos, é tudo o que sei. A todas as perguntas que lhe fiz ao telefone, respondia: "Tenho as radiografias, eu levo as radiografias, a senhora vai ver as radiografias".

As radiografias estão aqui. Anna conserva-se modestamente por detrás delas. Anna é miúda. Ainda se faz menor para destacar as imagens. Carrega nos braços as radiografias, quer me mostrar ela mesma, não quer largá-las.

Ao chegar, tirou os envelopes das radiografias, o envelope branco, o pardo e o amarelo. Ela despiu-as com desteridade de uma enfermeira. Deitou-as sobre a mesa perto dela. Agora, vai levantando uma por uma para que eu veja.

Anna continua toda vestida, por trás das imagens do seu corpo, branco no preto, nu até os ossos.

Ela conta com voz lenta:

"Sessenta e sete, sessenta e oito, setenta e dois, oitenta..." São as datas das radiografias que ela anuncia. Em "oitenta e quatro", ela suspira:

"Acabou."

Enumera em seguida os nomes dos especialistas que prescreveram as radiografias, os nomes dos radiologistas que as interpretaram e diz:

"Eles não veem nada. Nunca veem nada... E a senhora, o que está vendo?"

Com um ar cansado, ela dobra os cotovelos e aperta "oitenta e quatro" contra o peito, abaixando a cabeça, apoiando o queixo na beira da imagem.

Eu? Vejo duas grandes pálpebras sombreadas de cinza, uma gaforinha crespa. Vejo ombros estreitos de uma menina, de uma criança magrela; o esquerdo mais alto de que o direito. Depois dos ombros, nada. Um grande retângulo preto seguro nas beiras por quatro dedos pálidos. Desse retângulo saem, embaixo, duas pernas afastadas. Os joelhos, proeminentes, enviesam um para o outro, o direito mais do que o esquerdo. Vejo dois pezinhos duros, arqueados sobre uns saltos bem altos, exatamente o tipo de saltos que fazem mal...

"Você se sente mal?"

Sem erguer a cabeça, o queixo apoiado na radiografia, Anna levanta as grandes pálpebras:

"Mal? Meu marido diz que ando mal.

— E você, o que diz?"

Anna, com um golpe seco, põe a radiografia sobre a mesa.

"A questão não é essa."

Irritada, ela dobra os joelhos, senta-se, franze os lábios, aperta as mãos entre as pernas. Ela não quer se afastar da questão. A questão são as imagens das costas, e o comentário das imagens das costas.

Debruço-me em sua direção, gostaria de cruzar o seu olhar. Vejo apenas seus olhos, bem abertos, fixos, redondos como os olhos de um peixe. Brilhantes como os olhos de uma tainha, estonteada pelo foco de uma lâmpada. Cega e apanhada, na noite.

7
O TEMPO DA MODA

"A moda do corpo, o que acha disso?"

É uma pergunta que me fazem sempre... Era uma jornalista e dizia: "Estou fazendo uma grande pesquisa sobre a moda do corpo...". De lápis em punho, esperava pela minha resposta. Gaguejei... Ela se pôs a falar de esportes, dos que ela praticava, e de animais, os de que gostava. Enquanto falava, eu olhava sem parar os seus olhos, estriados como uma pedra de ágata. Usava um colete acolchoado de cor flamejante. Tempos depois, soube que ela morrera numa corrida, num rali. Costumo lembrar-me dela.

A moda, a voga era, outrora, uma quermesse em Lyon. Chamava-se assim: *la vogue*. Situada ao longo das margens do rio da cidade. Gigante, me parecia. Gritava todas as noites, com voz não humana, metálica, forte demais para ser humana:

"*Petit papa Noel... Quand tu descendras du ciel...*"

Ela gritava sobre os tetos das belas casas alinhadas ao longo do rio, gritava sobre as casas menos bonitas, amontoadas lá atrás; sua voz era tão aguda que atravessava até o pátio onde morávamos.

"*Petit papa Noel...*" Eu nem sabia de quem era aquela voz que passava através dos alto-falantes que deformavam. Nada sabia de Tino Rossi, nada sabia de Natal. Não sabia de nada.

A voga era montada, se não me engano, no inverno. Chovia, fazia frio. Apesar do frio, à noite, os brados da voga invadiam nossas quatro paredes e empurravam minha mãe, de avental, para fora, para o pátio e depois para a rua. E eu a seguia até o rio, andava ao lado dela ao longo do rio.

À luz elétrica da voga, eu via a chuva brilhar, e a poeira molhada de chuva escorrer em tranças cinzentas por sobre a tinta forte do tiro ao alvo, por sobre os carrinhos de bate-bate, por sobre a lona dos carrosséis. Algumas lonas já estavam baixadas. Os carrosséis fechados representavam castelos brancos sob o céu azul, pintados na tela.

A chuva nos empapava os cabelos e varava a roupa. Minha mãe parava a toda hora, queria se encostar, descansar. Mas não conseguia. Não havia jeito com os falsos pórticos, as falsas arcadas e os falsos telhados dos castelos... Por trás das fachadas de papelão, não havia nada. Nada, além do avesso molhado, mofado, na lona.

A moda do corpo? Ela me lembra esta, esta voga que acabo de contar. Gigante, ensurdecedora, montada em papelão.

Pode-se dizer que o corpo não teve sorte. Mal deu tempo de se perceber que se tinha um corpo... Mal deu tempo de se perceber que, além de uma Alma, de um Espírito, tinha-se um Corpo... E a voga chegou, montou os carrosséis.

Groddeck, Reich, os que trabalharam para nos ensinar que temos um corpo, e que nosso corpo às vezes fica doente por causa do nosso espírito, e que o espírito é curável pelo corpo, e que somos um corpo-espírito, que somos um Corpo... o que devem estar pensando eles? Será que, como se costuma dizer, estão se revolvendo no túmulo?

Entretanto, podia-se pensar que o corpo ia entrar em nossas vidas. E que dessa vez teria o melhor papel. Não entraria como uma fera de circo, acorrentado pelo Espírito, o seu mestre. Não entraria como uma utilidade, um porta-alabarda, um porta-sexo, para anunciar: "O jantar está servido". Não, dessa vez entraria no papel principal. Seria o ator da peça. Seria aquele que expressa com o gesto, com a voz, com o olhar, as emoções profundas, complexas, da vida, e todos saberiam que, se as expressa tão bem, é porque são vividas e sentidas. O corpo seria aquele que pode tudo expressar, os mais agudos pensamentos, as emoções mais discretas. Tudo isso não nasce dele mesmo, da sua própria matéria? Ele os conhece de cabeça, de coração e de corpo. O corpo seria o autor da peça. Seria o autor-ator legítimo da verídica história de nossa vida.

O corpo está de fato no palco. Mas em que estado!... O que aconteceu com ele? Ajaezado com perneiras, com tiras na testa, com malhas, disfarçado, sacudido de todos os lados, torcido de todos os lados, ele nada sabe do papel de sua vida.

Com uma perna no ar, ou até as duas, com os braços no ar, ele está mudo. Abre a boca somente para mostrar os dentes e as gengivas, e sorrir, sorrir sempre.

Com gestos, deve fazer a mímica, como nas barracas da quermesse, da alegoria da Beleza, da alegoria da Saúde, da alegoria da Felicidade.

Não tem necessidade de ser belo para ser crível. Pode estar todo empenado, indisposto, infeliz. Para ser figurante da saúde, do bem-estar, só é preciso que não seja muito gordo, que esteja bronzeado e com bons dentes da frente por causa do sorriso. Se abaixo do corpo que sorri o corpo está fazendo careta, não tem importância. As pessoas não olham tanto assim.

Pelo contrário. Sabe o que as pessoas fazem? Elas se põem assim, sem pensar, a imitar esse corpo que está em voga, que veem. Enfiam-se dentro dele, como numa luva nova. Enfiam-se, sem querer, no primeiro corpo que aparece. Isso acontece a toda hora, no metrô, no ponto de ônibus diante de um anúncio, sentado na frente da televisão.

Imitar é o que fazemos desde sempre, sem pensar. É pelos olhos que o processo se desenrola. Basta olhar, o cérebro faz o resto. As operações se encadeiam rápidas como reflexos.

O olho transmite a imagem ao cérebro, o cérebro decodifica sem discussão. Saúde? Beleza? Sim, de acordo, se os símbolos convencionais estão visíveis: o sorriso, por exemplo. De acordo, se aparece, impressa, ao lado da imagem, a palavra "saúde".

As suas células nervosas começam a se ativar, como se você fosse uma perna no ar mostrando aos transeuntes o que se deve fazer para ser sadio. Mentalmente você já está imitando a imagem que vê. Essa atividade é real, pode ser verificada pelo traçado do encefalograma.

Genial! Subliminar! Pôr em forma instantaneamente, sem dor e sem pena... Sim, se confundirmos "pôr em forma" com "pôr em página". Para ser paginado, o corpo não tem necessidade de ser sadio. Basta que faça, para o fotógrafo, o gesto convencionado. O fotógrafo não tem que se preocupar com a saúde do modelo. Como bom técnico, ele se preocupa com a escolha do ângulo, para nos deixar ver o que somos capazes de ver. E o que se vê melhor é o já conhecido. A melhor imagem é a que se vê e se compreende de imediato. Uma perna no ar, todo mundo logo entende o que quer dizer: o equilíbrio da boa saúde.

E depois? Depois de ter erguido a perna? No fundo, para a forma, a questão não é conseguir erguer a perna. A questão importante é esta: depois que você ergue a perna, como a coloca de novo no chão?

Aqui, saímos do campo da câmera para entrar na realidade do domínio muscular. Somos feitos de tal maneira que não podemos erguer uma perna sem nos encurtarmos, sem encurtar a cadeia, muscular e posterior, de que muito já falei. Basta afastar 45 graus, do eixo do corpo, uma perna, para nos encurtarmos e, em consequência, para nos tornarmos feios e, assim, para nos machucarmos. Podemos fazer isso, é claro, vivemos fazendo, por necessidade. Mas de onde vem a ideia de fazer desse movimento um exercício repetitivo, um símbolo de saúde?

Com os braços para o ar, o problema é idêntico. Além de 60 graus para a frente e 90 graus para os lados, não podemos erguer um braço sem nos encurtarmos. Não pense que o seu corpo está alongado porque o braço está acima da cabeça. Pelo contrário, está mais curto. Braços e pernas estão intimamente ligados à coluna vertebral, provenientes de um mesmo broto; nascem dela diretamente, de um segmento da coluna. Nossos membros nunca se mexem sem coluna, e ela, cada vez que os membros se afastam, não pode deixar de encurtar os músculos e de se arquear.

Isto não acontece exclusivamente com os desajeitados, enfermos, entrevados. Acontece com todos. Acontece com os corpos da voga do corpo, os que querem insistentemente nos mostrar o caminho da saúde, e que, na mesma ocasião, mostram-nos os pés doentes e as costas fora do eixo.

"Ele pode ser levado à feira por um fio de palha", suspirava minha avó. Ele era alto, abobalhado. Vestia o ano inteiro uma jaqueta de uniforme que fora azul, restos de uma guerra passada e cujas mangas muito curtas deixavam expostos os grandes pulsos ingênuos.

Por uma bebida, por uma palavra, por nada, ele, carregado como um jumento, fazia todo o trabalho pesado que os outros não queriam. Terminadas as tarefas, de noite, esgoelava a sua raiva durante horas pelas ruas do vilarejo. No dia seguinte, não se lembrava de nada. Carregava de novo às costas, mais e mais, albarda, lenha, trigo.

"Ele pode ser levado à feira por um fio de palha", repetiam as pessoas.

Em plena feira estamos nós, não? Presos por menos do que um fio de palha. Mais leve, mais fino do que um fio de palha. Presos pelo olhar que olha mas que não vê.

O cheiro da ruiva

A feira, antigamente, na montanha, era dura, era cruel como a verdade, a que não é fácil dizer. Na feira, os muito pobres, os que nunca tinham, no bolso, dinheiro, notas, moedas, ficavam sabendo que eram ainda mais pobres do que imaginavam. Na feira, os muito pobres ficavam sabendo que as riquezas deles, o brilho da luz, a doçura do ar, os espaços majestosos não têm cotação.

Em maio, em junho, a neve derretia ao sol, os caminhos se abriam, e minha avó descia até o vale, ia à feira.

Dias antes, ela juntava a nata do leite num alguidar, no fundo do porão. Eu não devia mais tocar. Assim mesmo eu tocava, deitada de bruços na terra batida, tocava com a ponta da língua. Mas havia represálias. A pior de todas eram os olhos preocupados de minha avó.

A nata azedava no alguidar e diminuía pela metade. A única vaca não queria dar leite, ou dava tão pouco... Suas tetas ruivas, sedosas e miúdas, permaneciam secas. Ela preferia correr, com a cauda reta como uma vela, e resvalar pela beira dos precipícios.

Eram necessários muitos dias e paciência a fim de conseguir o indispensável para bater uma única placa de manteiga, que minha avó punha imediatamente numa fôrma de madeira enfeitada com uma vaca imponente, em baixo-relevo, bem diferente da sua, uma "de verdade" que, quando tirada do molde, ficava de cascos juntos, chifres maciços, tetas enormes, incrustada em cima da manteiga.

Minha avó dava então uma risadinha silenciosa, como se tivesse feito uma piada. Talvez quisesse disfarçar o jeito esquisito da ruiva e o trabalho que ela havia dado...Ficava tão orgulhosa, a minha avó!

Ainda escuro, através do bosque, ela começava a descer o atalho íngreme que levava à cidade. Andava depressa, sem se voltar. O atalho enlameado era escorregadio. Ela nunca escorregava. Eu corria atrás dela no escuro, aflita como um cãozinho. As ramagens molhadas golpeavam as dobras da saia dela e me batiam no nariz.

O sol já estava avermelhado quando chegávamos à cidade. Minha avó arrumava um lugar na feira, abria o cesto, colocava sobre uma folha larga que arrancara no vale, ao passar, a manteiga.

Ela a levantava na palma da mão, à altura dos olhos, como se segura um pássaro prestes a voar, como se segura uma oferenda.

Mas, pelo seu jeito, eu via que ela estava disposta a vender, e não a dar. Empertigava-se sob a touca de domingo, cabeça erguida, sobrancelhas juntas, que lhe riscavam a testa.

Os fregueses matinais paravam diante de minha avó, inclinavam o tronco como se fizessem uma reverência para a mão aberta; depois recuavam, ao descobrir a verdade, e faziam uma careta. Apesar da imagem enganadora da vaca gorda do enfeite, essa manteiga acabava de atirar-lhe às narinas o forte odor da ruiva magra.

Algumas mulheres procuravam então aproveitar-se da situação para regatear. Sem mover a cabeça, minha avó olhava em frente. Ela não queria.

O sol não se apressava a subir no alto do céu da feira. As horas soavam na torre da catedral. Eu tentava contar, mas me atrapalhava toda. Então, desistia de contar as horas; sentada no chão de pedra, só me restava esperar...

Algumas mulheres continuavam o jogo, uma após outra, na frente da minha avó: um passo para a frente, o busto inclinado, meio passo atrás, o busto reto, um gesto da mão com dois ou três dedos espetados, os outros fechados junto à palma, como no jogo do palitinho. Minha avó, imóvel, apenas desviava os olhos, dizia não.

À medida que o sol subia no céu, o "não" ia ficando mais fraco. Quando o sol caía-lhe a prumo na touca e aumentava a sombra dos olhos, ela cedia. Abaixava a cabeça, dizia sim.

Não se dava ao trabalho de guardar as moedas. Ficava com elas na mão e nos dedos fechados, enquanto atravessava rápido as ruas, as praças, a ponte; eu corria atrás dela até o subúrbio. No subúrbio, as casas eram mais estreitas e mais baixas. Numa delas, ainda mais estreita e mais baixa, havia uma loja onde se vendia "a varejo".

Se a manteiga fosse vendida a tempo, isto é, antes que a loja fechasse, minha avó comprava grãos de sal ou grãos de açúcar ou grãos de café. Nunca os três ao mesmo tempo.

"Cem", dizia ela.

Diante dela, num pedaço de papel pardo enrolado de viés, pesavam os cem.

Se a manteiga não fosse vendida, ela não comprava nada.

Voltava sem uma palavra pelo caminho que prosseguia através do subúrbio, da fábrica, do vinhedo. Na subida, ela parava, voltava-se, ficava um bom tempo olhando o vale, os tetos das casas, a estrada principal.

À luz do sol, as pedrinhas do chão lançavam mil cintilações. Eu apanhava as mais bonitas e dava para ela. Pensava que eram de ouro. Mas não eram...

Éramos muito pobres; eu não sabia; minha avó nunca disse. Eu poderia jurar que ela era rica, se essa palavra significasse algo para mim.

Ela tinha, por exemplo, cinco macieiras num prado. No outono, quando as macieiras "davam", eram milhares de frutas. Havia para os meus avós, para mim que vivia com eles, para os vizinhos que quisessem, para os moleques que roubavam, para as cobras, para as galinhas, para os melros, para as minhocas e lesmas, e, no fim, havia para a terra que as mastigava em silêncio sob a neve durante o inverno.

Como bastava estar lá e estar viva, eu também era rica. Eu tinha os bolsos cheios de maçãs. As montanhas ajoelhadas em torno de mim faziam uma roda de gigantes. Usavam imensos chapéus de bruma, vestidos, capas, caudas douradas, mais douradas do que as dos santos e reis da catedral. Empoleirados nas suas costas, pássaros rajados de bege, daqueles que de vez em quando levavam uma galinha de minha avó, alçavam voo para me cumprimentar com o lento bater de asas, tão perto que me roçavam o rosto e me faziam estremecer. Eu sabia que eles deixariam a região em breve, antes das primeiras neves. Seus gritos enchiam o céu, batiam nos rochedos, quebravam-se em mil estilhaços sempre mais agudos. O brilho da luz era suave e triste como um adeus. Às vezes era demais. Demais para mim sozinha...

Quando minha avó dizia que alguém era pobre, ele estava acabado. Estava morto. Eu sabia que o "pobre" Irénée ou a "pobre" Sophie eram pobres porque estavam mortos. Antes disso, não. Eram pobres quando o corpo estava hirto, frio, na terra.

Acontecia de eu ir vê-los com minha avó quando acabavam de morrer e ainda estavam na cama. Uma vez, um desses mortos era uma criança, bem pequena.

"Pode entrar", cochichou alguém. Entrei e fiz o que vi os outros fazerem na minha frente. Pendurei-me com as duas mãos na beira do berço muito alto, aproximei o rosto. O pequeno morto tinha os olhos fechados. Pestanas espetadas, bem finas, estavam fincadas nas minúsculas pálpebras. Os lábios eram brancos. Pousei os meus ao acaso... Minha boca nunca havia tocado nada parecido, nada tão frio. Durante dias, guardei esse frio no corpo.

Minha avó morreu numa noite do mês de agosto. Ela voltava da lavoura, estava de pé junto à porta.

"Eu vou embora", anunciou em voz baixa, como uma convidada bem-educada que quer sair sem incomodar. Para onde? Ninguém teve tempo de perguntar. Ela se abateu entre as dobras do vestido preto. Estava morta. Pobre, para sempre.

A terra, se é para aí que ela dizia ir, deve ter-se aberto e feito dela um único bocado. Era tão franzina...

Foi o que me contaram. Eu já não vivia mais lá. Se médicos, ambulâncias, pronto-socorro fizessem parte do seu universo, talvez ela tivesse morrido de outro jeito. No hospital, nesse mesmo dia ou depois, com tubos de transfusão nas veias. Acho que ela não gostaria disso.

Voltei uma vez às montanhas dos meus avós. A casa não havia desmoronado: parecia menor do que nunca sob o grande teto de pedras. Haviam cimentado a escada e o pátio; na volta toda, talvez para se isolar do esplendor abrupto da paisagem, alguém havia plantado uma ridícula barreira metálica. Uma estrada asfaltada cortava o prado embaixo do celeiro. O celeiro estava vazio, o estábulo também. O silêncio me pareceu mortal. Uma moto doente estava deitada de lado na palha; o motor, japonês, descansava ao lado dela. A palha cheirava a gasolina e a óleo.

Não tenho saudades desse lugar e dos primeiros anos de vida que lá passei. Não lamento a água tirada da fonte em baldes cuja alça de ferro machucava as mãos. Prefiro abrir uma torneira. Não lamento as descidas em plena madrugada, através do bosque, para buscar um problemático pacotinho de sal. Compro um quilo sem dificuldade aqui na esquina.

O gosto desses grãos de sal me ficou, porém, na língua. Todos os dias, o presente escorre por esses grãos escondidos no corpo. O presente escorre pelas flores secas do passado, pelos espinhos, pelas raízes do passado, como escorria outrora a água clara por meio das ervas preparadas por minha avó.

Sem o sal, sem as folhas do passado, o presente não seria claro, sem sabor e inodoro como a água da torneira? O passado parece inerte, seco, no fundo da gente, como um velho pó esquecido numa tigela. Mas não. Ele permanece ativo, vivo. Não para de colorir o presente.

Ela contém o melhor e o pior, a decocção do passado. Aí se encontram substâncias que nos fazem dormir como a beladona e a papoula, ou fortificantes poderosos. Tudo está no modo de usar. "Pegue apenas o lado bom das plantas", diz um velho e experimentado herborista que conheço. "Se ficarem tempo demais numa infusão, tornam-se tóxicas. Três minutos bastam, cinco no máximo..."

Pegue apenas o lado bom do passado. Macerado demais, isolado, nas dobras do corpo, ele nos envenena. Tem necessidade de se misturar ao tempo presente que passa através dele, para tornar-se um fortificante poderoso, um elixir de vida.

Um especialista da forma: o cérebro direito

Antigamente havia adivinhações em figurinhas. A legenda dizia: "Procure o asno do moleiro, o boné do Martin". Virava-se a figura em todas as direções e acabava-se achando as orelhas do asno escondidas num canto, o boné do Martin disfarçado num outro.

Se você brincou assim algum dia, acionou, sem saber, o seu cérebro direito, isto é, a metade do cérebro que aparentemente se parece com a outra como duas metades de uma noz, e que, contudo, não é igual.

A metade direita do cérebro possui um dom raro, o dom de ver. Ela percebe as formas, todas as formas, tais como são. É claro que ela percebe as formas do corpo.

O melhor especialista da forma que você pode achar, o melhor do mundo, é o seu próprio cérebro, o direito. Consulte-o sem hesitar.

Antes de montar na bicicleta fixa, antes de palmilhar a pista de *jogging*, antes de empunhar os halteres, antes de pendurar-se nos espaldares suecos, antes de arvorar um uniforme, consulte o seu cérebro direito. Deixe que ele se ponha tranquilamente em movimento. Deixe-o acender os bilhões de células especializadas, deixe-o enviar influxos para as sinuosidades da sua matéria cinzenta. Ele lhe dirá se vale a pena, e que forma o aguarda, durante e ao final de todos os seus esforços.

Não será ao cérebro direito que se impingirá o símbolo de alguma coisa como sendo a própria coisa. Os símbolos, os sinais convencionais não lhe dizem nada. Ele tem um senso agudo dos pormenores, sem jamais perder de vista o conjunto. Sua visão é concreta, completa, sintética. As minúcias, os fragmentos, ele os integra no conjunto da imagem e, imediatamente, vê se são dela ou não.

Antes de pôr em risco os músculos afetando-os dolorosamente, deixe o seu cérebro direito examinar, por exemplo, as imagens do corpo em voga. Quais? Há uma grande escolha, mas a semelhança geral facilita as coisas.

Veja a mais célebre dessas imagens, uma imagem divulgada nestes últimos anos em Paris, Nova York, Tóquio, no mundo inteiro. Nessa imagem, no alto da folha, vê-se algo meio embrulhado em lã. É todo teso, voltado para o céu, gelado, parece. São pés humanos e muito deformados: *hallux valgus*, *quintus varus*, dedos do pé em garra, em martelo, nada falta, cada dedo mostra uma deformação exata. Se você deixar o cérebro direito fazer a associação – ele tem muito jeito para isso –, ele lhe dirá: olhe, a vítima de um acidente, um avião arrebentado no alto de um pico nevado, isso acontece, a foto dos restos, que tristeza... Os pés torturados surgem na ponta de pernas infindáveis. Deixe os olhos descerem ao longo das pernas, à maneira lenta do cérebro direito, e vai descobrir a única coisa que deveria ter visto: enormes olhos umedecidos e suaves que olham embaixo da página para você, num sorriso encantador. Você se diz: Ah! Que bom, não é tão grave assim, ela está viva. Mas por que o mal-estar da imagem dividida, contraditória? O seu cérebro direito sabe. O texto promissor ao lado da imagem não pode convencê-lo. Não gosta das palavras. Tudo o que ele percebe é que o desenhista consciencioso teve que desbastar uma letra dessas palavras para deixar lugar à deformação de um dos dedos...

Num primeiro momento, talvez você tenha o olhar desorientado do cãozinho ao qual estendem um alimento não comestível. Num segundo momento, você se pergunta o que a moça sorrindo – uma estrela chamada Jane – lhe oferece como aquisição; ela propõe exercícios de saúde e de beleza, mas para adquirir exatamente o quê? Qual das formas dela lhe é prometida? Qual é o exercício para o brilho dos dentes, qual deles para o aveludado dos olhos, qual deles para a enfermidade dos pés?

Não se deixe intimidar pelo que lhe diz o cérebro esquerdo. Ele predomina, é assim, não dá para mudar. Sempre passa na frente do outro, do seu gêmeo. Toma a palavra em lugar dele para traduzir o mundo em letras, números e símbolos. É um leitor apressado, distraído, que se contenta de ler alguns sinais, algumas letras, e que adivinha as outras. Tomando uma letra por outra, um sinal, uma forma por outra, ele interpreta muitas vezes errado, e do seu engano inicial decorrem todos os enganos seguintes, do seu engano decorrem as teorias rotineiras sobre a forma nas quais, em seguida, acreditamos firmemente.

O seu cérebro esquerdo fala, não há dúvida. Ele contém o precioso "centro da linguagem", e por muito tempo pensou-se que o outro, o direito, não continha nada, nada de notável. Sabe-se agora que sem ele não temos consciência do nosso corpo. Se alguém for atingido no cérebro direito, metade do corpo fica paralisada, e às vezes, ao tentar levantar-se da cama, a pessoa cai, levanta, cai de novo e torna a levantar-se e a cair, sem conseguir entender o que se passa com ela.

Nosso cérebro esquerdo é bem esquerdo, quando se trata do corpo.

"Como você se sente hoje?

— Tudo bem, estou com 13 por 8", respondem-me certas pessoas.

O resultado da pressão sanguínea nas artérias anula e substitui qualquer sensação corporal.

Não estou dizendo que se deva viver exclusivamente com o nosso cérebro direito. Mancar do pé esquerdo é tão triste quanto mancar do pé direito. Um hemisfério manco é ainda mais triste. O direito e o esquerdo não estão isolados. Existe entre eles uma grande via de circulação, aberta desde que o cérebro atinge a maturidade. Ela se compõe de um grande feixe de fibras nervosas, que se chama corpo caloso. Usamos muito essa via pois as informações do cérebro direito passam para o esquerdo, no outro hemisfério. Temos que deixar as imagens, pensamentos, sensações, emoções, irem e virem de um lado para o outro.

Aí está o nosso equilíbrio. Nosso equilíbrio profundo está nesse movimento interno de uma metade de nós para a outra.

Você perguntará: como vou saber se estou olhando do modo esquerdo ou do direito?

Um meio eficaz para exercer as habilidades do seu cérebro direito é o das adivinhações de antigamente. Pegue uma figura, uma das numerosas imagens do corpo em voga, por exemplo. Vire-a. Ponha de cabeça para baixo. Deixe então agir o seu cérebro direito, do jeito dele, calmo e tranquilo. Deixe-o despir a imagem do seu sentido convencional, do texto de acompanhamento. Desoriente a imagem, faça com que perca o norte. No outro sentido, você descobrirá outras significações. A imagem sai da categoria "beleza, bem-estar" onde automaticamente havia sido classificada por seu cérebro esquerdo.

No início, você verá apenas uma sucessão de curvas, de linhas, de sombras e de traços, cujo equilíbrio ou discordância vão aparecer lentamente. Depois, cabe a você recolocar a imagem direito, fazê-la entrar na categoria "beleza", em pleno conhecimento de causa.

Cada vez que possa, desmanche os planos e o fundo da fotografia. Esconda o rosto do modelo, o penteado, a maquilagem perfeita. O que sobra? Se sobrarem apenas os joelhos enviesados, a bacia desviada, não imite.

Olhe os contornos da imagem, olhe o espaço entre as coxas, o espaço entre o tórax e os braços, o espaço entre o primeiro e o segundo dedo do pé. Olhe o lado de fora e o de dentro da imagem, sem nunca separá-la do fundo. Você verá melhor qual é a forma dela.

"*I like the north, the east, the west... and the south of you*", cantava Billy Holiday. Se faltar um só ponto cardeal, não imite. A beleza ou é inteira ou não é.

A beleza, pode você dizer, nada tem a ver com o desejo. Acontece de a gente se ligar num olhar enviesado, nuns ombros tortos, justamente porque estão enviesados, tortos...

As imagens do corpo símbolo de saúde que predominam no cartaz não são as imagens desejáveis do corpo símbolo sexual, como se diz. E, no entanto, esses corpos símbolos, tão esfregados, lisos, maquilados, sempre deixam escapar algo de involuntário e autêntico. Numa dobra do cotovelo ou do quadril, na torção do joelho, mostram com franqueza onde dói e onde há medo.

Éramos milhões admirando as curvas de Marilyn. Impudica. Marilyn? Ela podia mostrar tudo, nós só víamos o que esperávamos ver. Exposta completamente nua em milhares de exemplares, ela ficava invisível aos nossos olhos. Com a curva suave das nádegas, ela mostrava as costas torturadas; com os seios de menina, mostrava as costelas erguidas como quando se prende a respiração ou as lágrimas. Mais claro do que com palavras, ela nos deixava ver o seu íntimo. Mas os milhões de olhos nela pousados não corriam o risco de descobrir um único dos seus segredos; não corriam o risco de se interessar nem um instante pela mulher que ela era. Não podiam. Não haviam sido programados para ver isso.

O corpo em voga é evidentemente outra coisa; se nos enfiamos dentro dele por descuido, é sem intenções eróticas. O corpo em voga pretende ser um modelo de saúde, de beleza e de equilíbrio. Tudo que é bem pessoal, íntimo, profundo, é mesmo inimitável. Por imitação, é mais fácil conseguir pés desastrosos, costas tortas, do que conseguir a saúde. Pode-se encontrar a saúde, é claro, mas não como se colhem cogumelos. Ela é obtida por um lento trabalho de paciência, um trabalho por dentro, um trabalho do olhar, dos músculos, dos nervos, todos acordes.

A elegância, a saúde, brotadas de dentro, nunca mais o abandonarão. Nem o tempo poderá arrancá-las. Sob o cabelo que branqueia, sob as rugas, a sua forma permanecerá harmoniosa e sadia.

Por que entregar a outros o cuidado em conhecer, por você, as leis elementares do seu corpo? Por que entregar a outros o cuidado de impor ao seu corpo leis que nada têm a ver com as leis naturais dele? Nada se pode fazer sem o consentimento de todo o corpo, nada que seja belo, durável. Tratado como sujeito idiota, o corpo mais cedo ou mais tarde reage, machuca, recusa prosseguir.

A saúde, você não pode obtê-la com exercícios de imitação que o agitam como um frango a quem acabaram de decepar a cabeça.

O seu corpo não se pode construir como prédio ao qual se acrescentam um pouco de pedra aqui, um pouco de cimento ali, para torná-lo mais forte. Em meu trabalho de todos os dias, constato que as pessoas que sabem reconhecer por si mesmas como os músculos se organizam melhoram muito depressa e duravelmente. Assim que elas se livram dos preconceitos quanto à fraqueza das costas, por exemplo, começam a mover-se com outra facilidade. Observo que um ombro dolorido é sempre um ombro que não se conhece. Nada se sabe dos seus movimentos potenciais, ignora-se como ele pode se erguer, descer e girar no espaço; nada se sabe das suas relações com a nuca, sua vizinha, e com o braço, seu vizinho. Pensa-se mexer o ombro dolorido e só se está mexendo o cotovelo que está um pouco abaixo, ou o pulso. O ombro, rígido, continua preso à orelha. Não sabendo nada do ombro, insiste-se em querer controlá-lo; não se imagina que é possível encostá-lo calmamente no tórax e deixá-lo viver sadiamente a sua vida.

O seu bem-estar, entregue-o antes de tudo a você mesmo; confie a sua saúde ao cérebro, confie-a à vista. Atualmente não precisamos de todos os nossos sentidos para lutar pela sobrevivência em meio hostil. Mas dizemos de bom grado que "a vista é a vida". É a vida, de fato, pois por nossos olhos podemos pôr em movimento os bilhões de células nervosas do cérebro, e mais especialmente do cérebro direito, o discreto, o silencioso, que é um criador. Graças ao cérebro, podemos conciliar o lado "cara" com o lado "coroa" do corpo, podemos fazê-los viver e mexer-se num bom entendimento. O equilíbrio que nos falta, por sermos bípedes um pouco prematuros, pode ser criado por nós. Não se trata de imaginar meios sofisticados para ficar de pé, para se locomover, para ter melhor desempenho. Trata-se somente de não deixar nosso cérebro de fora em relação ao que se passa nos músculos. Trata-se de admitir as realidades do nosso funcionamento muscular, trata-se de admitir que se temos uma espécie de "fraqueza" no corpo, ela vem da ruptura, tão frequente, entre a parte dianteira e a traseira da musculatura. Para unir as duas faces do nosso corpo, o melhor é o olhar atento, o pensamento que aceita refletir sobre a forma, as sensações que vamos deixar percorrerem os nossos músculos.

8
PRO FORMA

E agora, o que fazer para a sua forma? Ouça, não há muito a fazer. É duro de admitir, eu sei. Não há muito a fazer porque a sua forma é perfeita e o seu corpo não tem necessidade de ser constantemente amolado e vigiado. O seu corpo tem necessidade de ser liberado, é só. Ele precisa disso para que a sua forma, que é perfeita de nascença, como eu já disse, possa emergir. Faça somente três coisas.

"Não!", diz o editor que praticamente está lendo por sobre o meu ombro as últimas páginas deste livro pelo qual esperou tanto tempo, pois não é fácil estar na mesma hora ao pé do forno e no moinho, isto é, sentada escrevendo e de pé junto aos pacientes. "Acho o seu 'não há nada a fazer' negativo, ou pelo menos fatalista... Se não há nada a fazer, se a mãe natureza se encarrega de tudo – o que é evidentemente falso –, qual é o interesse? Você leva o leitor direto ao absurdo...".

Leitor, caro leitor, não se engane. Os três movimentos que lhe vou indicar e que você vai fazer, espero, todos os dias, em qualquer estação, são os movimentos mais difíceis que o homem bípede e civilizado possa fazer. Vi verdadeiros atletas suarem muitas gotas antes de conseguir esboçá-los de leve, antes de obter um mínimo estremecimento dos músculos. Quanta dificuldade sentimos ao tentar fazer esses movimentos que parecem, e deveriam ser, tão naturais. Julgue por você. A primeira coisa a fazer é manter os pés no chão. A segunda é orientar os seus membros como os de um ser humano. A terceira é soltar-se, deixar o corpo brincar com a sua aliada, a gravidade.

Colocar os pés no chão: todas as ideias mutilantes que temos sobre os sapatos, e todas as deformações que daí decorrem impedem-nos de conseguir isso. Orientar os nossos membros também não é coisa fácil. Nossas coxas estão quase sempre voltadas para dentro, como as do lagarto pré-histórico; nossos ombros encurvados fazem com que os braços fiquem, quando soltos, com o dorso da mão adiante das coxas, numa atitude comum aos chimpanzés. Já não lhe disse que, através de nossas formas, tornadas humanas, o passado retorna a cada momento?...

1. Coloque os pés descalços no chão. Fique de pé. Afaste o dedinho do pé, afaste o dedão, coloque o pé em leque, prestando atenção para não levantar nenhum dos dedos, para deixar todos eles apoiados no chão. Até conseguir, vai levar de alguns dias a alguns meses; talvez você transpire mais do que se levantasse halteres, mas você vai conseguir.

Pegue então um lápis, uma folha grande de papel, desenhe o contorno do seu pé na nova e autêntica fôrma. Depois, só lhe resta a recusa enérgica de entrar em um estojo qualquer, batizado calçado, cuja forma não seja igual ao contorno do seu pé.

2. O lápis, a folha de papel, são os acessórios que lhe aconselho. Não arruínam ninguém e, com eles, você vai aprender muito mais do que com as barras, pesos, halteres, os mil inventos da forma à venda no mercado. Aconselho também que leia um livro: *Dessiner avec le cerveau droit*. A autora, Betty Edward, nos ensina que desenhar não é uma questão de mãos. Mãos pouco hábeis podem desenhar. Desenhar, explica ela, é uma questão de olhar; se você olhar lentamente, com tempo, como o cérebro direito sabe fazer, você sabe desenhar.

A elegância das formas, confie-as ao artista que é o cérebro direito. Para melhor conhecer a sua forma, desenhe-a. Desenhe o fundo da sua forma, isto é, os espaços entre as pernas, por exemplo. É a base da sua forma. Entre as pernas, se você está de pé, se os pés estão bem reunidos, você vê três espaços harmoniosos, de forma alongada... Não? Não é o que você vê? Então, acaricie, massageie lentamente as nádegas, os quadris, as dobras da virilha entre a coxa e a barriga. E lentamente, bem lentamente, faça girar os fêmures para fora. Quando as arcadas dos pés se desenharem em altas e sinuosas, quando os dedos aceitarem ficar apoiados no chão, quando você já não tiver necessidade de enrijecer as nádegas, quando os tornozelos e os joelhos apenas tocarem um no outro em vez de procurarem se encaixar um no outro, você conseguiu... Você terá deixado de manter os membros voltados para dentro, como um lagarto pré-histórico, você terá a "forma". Admito que este trabalho, este movimento parado pode lhe parecer no começo bem difícil. Mas o prazer de se sentir aprumado sobre as pernas, a coluna estirada (pois esse movimento alonga os músculos da região lombar), o prazer de ver as pernas elegantes, perfeitas, será a sua recompensa.

3. Os pés na terra? Os membros, pernas e braços, orientados de acordo com suas estruturas naturais, quer dizer, não fechados, nem torcidos sobre si mesmos? Então, você anda, avança com os pés, pernas, ombros, quadris, exatamente como quer, sem hesitação nem rigidez. Pelo alto do corpo, você responde à pressão da gravidade por um impulso igual e amigo. Pelo baixo do corpo, você lhe responde pela pressão firme dos pés no solo.

Não é tão complicado...

Entre as pernas, os três espaços da forma.

Atenção, este pé e estas pernas não são modelos. São os meus que desenhei. Não são perfeitos, ainda não... Servem apenas para indicar como *ver* os espaços negativos.

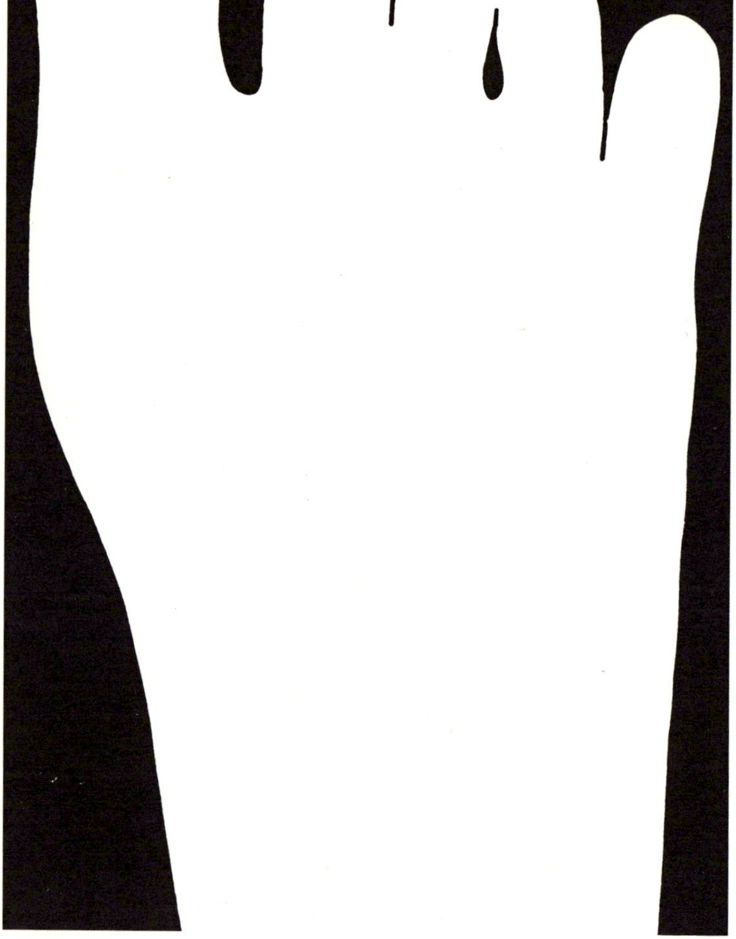

Coloque o pé descalço no chão.

7ª edição setembro de 2018 | **Fonte** Minion Pro
Papel Holmen Vintage 70 g/m² | **Impressão e acabamento** Orgrafic